TRANZLATY

La Langue est pour tout le Monde

Езикът е за всички

Le Manifeste Communiste

Комунистическият манифест

Karl Marx
&
Friedrich Engels

Français / Български

Copyright © 2025 Tranzlaty
All rights reserved.
Published by Tranzlaty
ISBN: 978-1-80572-358-5
Original text by Karl Marx and Friedrich Engels
The Communist Manifesto
First published in 1848
www.tranzlaty.com

Introduction
Въвеждането

Un spectre hante l'Europe : le spectre du communisme
Призрак преследва Европа – призракът на комунизма
Toutes les puissances de la vieille Europe ont conclu une sainte alliance pour exorciser ce spectre
Всички сили на стара Европа влязоха в свещен съюз, за да прогонят този призрак
Le pape et le tsar, Metternich et Guizot, les radicaux français et les espions de la police allemande
Папа и цар, Метерних и Гизо, френски радикали и германски полицейски шпиони
Où est le parti dans l'opposition qui n'a pas été décrié comme communiste par ses adversaires au pouvoir ?
Къде е партията в опозиция, която не е заклеймена като комунистическа от опонентите си на власт?
Où est l'opposition qui n'a pas rejeté le reproche de marque du communisme contre les partis d'opposition les plus avancés ?
Къде е опозицията, която не е отхвърлила упрека на комунизма срещу по-напредналите опозиционни партии?
Et où est le parti qui n'a pas porté l'accusation contre ses adversaires réactionnaires ?
И къде е партията, която не е повдигнала обвинения срещу своите реакционни противници?
Deux choses résultent de ce fait
От този факт произтичат две неща
I. Le communisme est déjà reconnu par toutes les puissances européennes comme étant lui-même une puissance
I. Комунизмът вече е признат от всички европейски сили като сила
II. Il est grand temps que les communistes publient ouvertement, à la face du monde entier, leurs vues, leurs buts et leurs tendances

II. Крайно време е комунистите открито, пред лицето на целия свят, да изложат своите възгледи, цели и тенденции

ils doivent répondre à ce conte enfantin du spectre du communisme par un manifeste du parti lui-même

те трябва да посрещнат тази детска приказка за призрака на комунизма с манифест на самата партия

À cette fin, des communistes de diverses nationalités se sont réunis à Londres et ont esquissé le manifeste suivant

За тази цел комунисти от различни националности се събраха в Лондон и скицираха следния манифест

ce manifeste sera publié en anglais, français, allemand, italien, flamand et danois

този манифест трябва да бъде публикуван на английски, френски, немски, италиански, фламандски и датски език

Et maintenant, il doit être publié dans toutes les langues proposées par Tranzlaty

И сега предстои да бъде публикуван на всички езици, които предлага Транзлати

Les bourgeois et les prolétaires
Буржоа и пролетариите

L'histoire de toutes les sociétés qui ont existé jusqu'à présent est l'histoire des luttes de classes
Историята на всички съществуващи досега общества е история на класовите борби

Homme libre et esclave, patricien et plébéien, seigneur et serf, maître de guilde et compagnon
Свободен човек и роб, патриций и плебей, господар и крепостен, майстор на гилдията и калфа

en un mot, oppresseur et opprimé
с една дума, потисник и потиснат

Ces classes sociales étaient en opposition constante les unes avec les autres
Тези социални класи са в постоянна опозиция една на друга

Ils se sont battus sans interruption. Maintenant caché, maintenant ouvert
те водеха непрекъсната битка. Сега скрити, сега отворени

un combat qui s'est terminé par une reconstitution révolutionnaire de la société dans son ensemble
борба, която или завършва с революционно преустройство на обществото като цяло

ou un combat qui s'est terminé par la ruine commune des classes en lutte
или борба, която завърши с обща разруха на съперничещите класи

Jetons un coup d'œil aux époques antérieures de l'histoire
Нека погледнем назад към по-ранните епохи на историята

Nous trouvons presque partout un arrangement compliqué de la société en divers ordres
почти навсякъде откриваме сложно подреждане на обществото в различни категории

Il y a toujours eu une gradation multiple du rang social
Винаги е имало разнообразна градация на социалния ранг

Dans la Rome antique, nous avons des patriciens, des chevaliers, des plébéiens, des esclaves

В древен Рим имаме патриции, рицари, плебеи, роби

au Moyen Âge : seigneurs féodaux, vassaux, maîtres de corporation, compagnons, apprentis, serfs

през Средновековието: феодали, васали, майстори на гилдии, калфи, чираци, крепостни селяни

Dans presque toutes ces classes, encore une fois, les gradations subordonnées

в почти всички тези класове, отново подчинени градации

La société bourgeoise moderne est née des ruines de la société féodale

Съвременното буржоазно общество е поникнало от руините на феодалното общество

Mais ce nouvel ordre social n'a pas fait disparaître les antagonismes de classe

Но този нов социален ред не е премахнал класовите противопоставяния

Elle n'a fait qu'établir de nouvelles classes et de nouvelles conditions d'oppression

Той само създаде нови класи и нови условия на потисничество

Il a mis en place de nouvelles formes de lutte à la place des anciennes

тя установи нови форми на борба на мястото на старите

Cependant, l'époque dans laquelle nous nous trouvons possède un trait distinctif

Епохата, в която се намираме, обаче притежава една отличителна черта

l'époque de la bourgeoisie a simplifié les antagonismes de classe

епохата на буржоазията опрости класовите противоположности

La société dans son ensemble se divise de plus en plus en deux grands camps hostiles

Обществото като цяло все повече се разделя на два големи враждебни лагера

deux grandes classes sociales qui se font directement face : la bourgeoisie et le prolétariat

две големи социални класи, които са точно обърнати една срещу друга: буржоазия и пролетариат

Des serfs du Moyen Âge sont sortis les bourgeois agréés des premières villes

От крепостните селяни на Средновековието произлизат чартърните бюргери от най-ранните градове

C'est à partir de ces bourgeois que se sont développés les premiers éléments de la bourgeoisie

От тези граждани се развиват първите елементи на буржоазията

La découverte de l'Amérique et le contournement du Cap

Откриването на Америка и заобикалянето на носа

ces événements ont ouvert un nouveau terrain à la bourgeoisie montante

тези събития отварят нова почва за надигащата се буржоазия

Les marchés des Indes orientales et de la Chine, la colonisation de l'Amérique, le commerce avec les colonies

Източноиндийският и китайският пазари, колонизацията на Америка, търговията с колониите

l'augmentation des moyens d'échange et des marchandises en général

увеличаването на средствата за размяна и на стоките като цяло

Ces événements donnèrent au commerce, à la navigation et à l'industrie une impulsion jamais connue jusque-là

Тези събития придават на търговията, корабоплаването и индустрията неизвестен досега импулс

Elle a donné un développement rapide à l'élément révolutionnaire dans la société féodale chancelante

тя дава бързо развитие на революционния елемент в разклатеното феодално общество

Les guildes fermées avaient monopolisé le système féodal de la production industrielle

затворените гилдии монополизират феодалната система на промишленото производство

Mais cela ne suffisait plus aux besoins croissants des nouveaux marchés

Но това вече не беше достатъчно за нарастващите нужди на новите пазари

Le système manufacturier a pris la place du système féodal de l'industrie

Производствената система зае мястото на феодалната система на индустрията

Les maîtres de guilde étaient poussés d'un côté par la classe moyenne manufacturière

Майсторите на гилдиите са изтласкани на една страна от производствената средна класа

La division du travail entre les différentes corporations a disparu

Разделението на труда между различните корпоративни гилдии изчезва

La division du travail s'infiltrait dans chaque atelier

разделението на труда прониква във всяка отделна работилница

Pendant ce temps, les marchés ne cessaient de croître et la demande ne cessait d'augmenter

Междувременно пазарите продължаваха да растат непрекъснато, а търсенето непрекъснато нарастваше

Même les usines ne suffisaient plus à répondre à la demande

Дори фабриките вече не са достатъчни, за да отговорят на изискванията

À partir de là, la vapeur et les machines ont révolutionné la production industrielle

След това парата и машините революционизират промишленото производство

La place de fabrication a été prise par le géant de l'industrie moderne

Мястото на производство е заето от гиганта Modern Industry

La place de la classe moyenne industrielle a été prise par des millionnaires industriels

Мястото на индустриалната средна класа беше заето от индустриални милионери

la place de chefs d'armées industrielles entières ont été prises par la bourgeoisie moderne

мястото на водачите на цели индустриални армии беше заето от съвременната буржоазия

la découverte de l'Amérique a ouvert la voie à l'industrie moderne pour établir le marché mondial

откриването на Америка проправя пътя на съвременната индустрия да установи световния пазар

Ce marché donna un immense développement au commerce, à la navigation et aux communications par terre

Този пазар дава огромно развитие на търговията, корабоплаването и комуникациите по суша

Cette évolution a, en son temps, réagi à l'extension de l'industrie

Това развитие навреме реагира на разширяването на промишлеността

elle a réagi proportionnellement à l'expansion de l'industrie et à l'extension du commerce, de la navigation et des chemins de fer

тя реагира пропорционално на това как се разширява индустрията и как се разширяват търговията, корабоплаването и железопътните линии

dans la même proportion que la bourgeoisie s'est développée, elle a augmenté son capital

в същата пропорция, в която се развива буржоазията, те увеличават капитала си

et la bourgeoisie a relégué à l'arrière-plan toutes les classes héritées du Moyen Âge

и буржоазията изтласква на заден план всяка класа,
предадена от Средновековието

**c'est pourquoi la bourgeoisie moderne est elle-même le
produit d'un long développement**

следователно съвременната буржоазия сама по себе си е
продукт на дълъг път на развитие

**On voit qu'il s'agit d'une série de révolutions dans les
modes de production et d'échange**

виждаме, че това е поредица от революции в начините на
производство и на размяната

**Chaque étape du développement de la bourgeoisie
s'accompagnait d'une avancée politique correspondante**

Всяка стъпка в развитието на буржоазията беше
придружена от съответен политически напредък

Une classe opprimée sous l'emprise de la noblesse féodale

Потисната класа под влиянието на феодалното
благородничество

**Une association armée et autonome dans la commune
médiévale**

въоръжено и самоуправляващо се сдружение в
средновековната комуна

**ici, une république urbaine indépendante (comme en Italie
et en Allemagne)**

тук, независима градска република (както в Италия и
Германия)

**là, un « tiers état » imposable de la monarchie (comme en
France)**

там облагаема "трета власт" на монархията (както във
Франция)

par la suite, dans la période de fabrication proprement dite

след това, в периода на производство

**la bourgeoisie servait soit la monarchie semi-féodale, soit la
monarchie absolue**

буржоазията служи или на полуфеодалната, или на
абсолютната монархия

ou bien la bourgeoisie faisait contrepoids à la noblesse

или буржоазията действаше като противовес на благородничеството

et, en fait, la bourgeoisie était une pierre angulaire des grandes monarchies en général

и всъщност буржоазията беше крайъгълен камък на великите монархии като цяло

mais l'industrie moderne et le marché mondial se sont établis depuis lors

но Модерната индустрия и световният пазар се утвърдиха оттогава

et la bourgeoisie s'est emparée de l'emprise politique exclusive

и буржоазията завладя за себе си изключителна политическа власт

elle a obtenu cette influence politique à travers l'État représentatif moderne

той постигна това политическо влияние чрез съвременната представителна държава

Les exécutifs de l'État moderne ne sont qu'un comité de gestion

Изпълнителните органи на съвременната държава са само управителен комитет

et ils gèrent les affaires communes de toute la bourgeoisie

и те управляват общите дела на цялата буржоазия

La bourgeoisie, historiquement, a joué un rôle des plus révolutionnaires

Буржоазията исторически играе най-революционна роля

Partout où elle a pris le dessus, elle a mis fin à toutes les relations féodales, patriarcales et idylliques

Където и да наддележе, той слага край на всички феодални, патриархални и идилични отношения

Elle a impitoyablement déchiré les liens féodaux hétéroclites qui liaient l'homme à ses « supérieurs naturels »

Тя безмилостно разкъса пъстрите феодални връзки, които свързваха човека с неговите "естествени началници"

et il n'y a plus de lien entre l'homme et l'homme, si ce n'est l'intérêt personnel

и не е оставила никаква връзка между човека и човека, освен голия личен интерес

Les relations de l'homme entre eux ne sont plus qu'un « paiement en espèces » impitoyable

Отношенията на човека един с друг не са се превърнали в нищо повече от коравосърдечно "плащане в брой"

Elle a noyé les extases les plus célestes de la ferveur religieuse

Тя е удавила най-небесния екстаз на религиозния плам

elle a noyé l'enthousiasme chevaleresque et le sentimentalisme philistin

тя е удавила рицарския ентусиазъм и филистерския сантиментализъм

Il a noyé ces choses dans l'eau glacée du calcul égoïste

тя е удавила тези неща в ледената вода на егоистичните изчисления

Il a transformé la valeur personnelle en valeur échangeable

Той превърна личната стойност в разменна стойност

elle a remplacé les innombrables et inaliénables libertés garanties par la Charte

Тя замени безбройните и неоспорими свободи

et il a mis en place une liberté unique et inadmissible ; Libre-échange

и тя е създала една-единствена, безсъвестна свобода; Свободна търговия

En un mot, il l'a fait pour l'exploitation

С една дума, тя направи това за експлоатация

Une exploitation voilée par des illusions religieuses et politiques

експлоатация, забулена от религиозни и политически илюзии

l'exploitation voilée par une exploitation nue, éhontée, directe, brutale

експлоатация, забулена от гола, безсрамна, директна, брутална експлоатация

la bourgeoisie a enlevé l'auréole de toutes les occupations jusque-là honorées et vénérées

буржоазията е премахнала ореола от всяка почитана и почитана преди това професия

le médecin, l'avocat, le prêtre, le poète et l'homme de science

лекарят, адвокатът, свещеникът, поетът и човекът на науката

Il a converti ces travailleurs distingués en ses travailleurs salariés

тя е превърнала тези изтъкнати работници в свои платени наемни работници

La bourgeoisie a déchiré le voile sentimental de la famille

Буржоазията е скъсала сантименталния воал от семейството

et elle a réduit la relation familiale à une simple relation d'argent

и е свела семейната връзка до обикновена парична връзка

la brutale démonstration de vigueur au Moyen Âge que les réactionnaires admirent tant

бруталната проява на енергия през Средновековието, на която реакционеристите толкова много се възхищават

Même cela a trouvé son complément approprié dans l'indolence la plus paresseuse

Дори това намери подходящо допълнение в най-лениватa леност

La bourgeoisie a révélé comment tout cela s'est passé

Буржоазията разкри как се е случило всичко това

La bourgeoisie a été la première à montrer ce que l'activité de l'homme peut produire

Буржоазията беше първата, която показа до какво може да доведе човешката дейност

Il a accompli des merveilles surpassant de loin les pyramides égyptiennes, les aqueducs romains et les cathédrales gothiques

Той е извършил чудеса, далеч надминаващи египетските пирамиди, римските акведукти и готическите катедрали

et il a mené des expéditions qui ont mis dans l'ombre tous les anciens Exodes des nations et les croisades

и е провеждал експедиции, които са поставили в сянка всички предишни изходи на нации и кръстоносни походи

La bourgeoisie ne peut exister sans révolutionner sans cesse les instruments de production

Буржоазията не може да съществува без постоянна революция в инструментите на производството

et par conséquent elle ne peut exister sans ses rapports à la production

и по този начин тя не може да съществува без своите отношения към производството

et donc elle ne peut exister sans ses relations avec la société

и затова не може да съществува без отношенията си с обществото

Toutes les classes industrielles antérieures avaient une condition en commun

Всички по-ранни индустриални класи имаха едно общо условие

Ils s'appuyaient sur la conservation des anciens modes de production

те разчитат на запазването на старите начини на производство

mais la bourgeoisie a apporté avec elle une dynamique tout à fait nouvelle

но буржоазията донесе със себе си напълно нова динамика

Révolution constante de la production et perturbation ininterrompue de toutes les conditions sociales

Постоянна революция в производството и непрекъснато нарушаване на всички обществени условия

cette incertitude et cette agitation perpétuelles distinguent l'époque bourgeoise de toutes les époques antérieures

тази вечна несигурност и вълнение отличава епохата на буржоазията от всички по-ранни

Les relations antérieures avec la production s'accompagnaient de préjugés et d'opinions anciens et vénérables

Предишните отношения с производството идват с древни и почитани предразсъдъци и мнения

Mais toutes ces relations figées et figées sont balayées d'un revers de main

Но всички тези фиксирани, бързо замръзнали отношения са пометени

Toutes les relations nouvellement formées deviennent archaïques avant de pouvoir s'ossifier

Всички новоформирани отношения остаряват, преди да успеят да се вкостенят

Tout ce qui est solide se fond dans l'air, et tout ce qui est saint est profané

Всичко, което е твърдо, се топи във въздуха и всичко, което е свято, се осквернява

L'homme est enfin forcé de faire face, avec des sens sobres, à ses conditions réelles de vie

Човекът най-накрая е принуден да се изправи пред трезви сетива пред истинските си условия на живот

et il est obligé de faire face à ses relations avec les siens

и той е принуден да се изправи пред отношенията си със своя вид

La bourgeoisie a constamment besoin d'élargir ses marchés pour ses produits

Буржоазията постоянно се нуждае от разширяване на пазарите си за своите продукти

et, à cause de cela, la bourgeoisie est poursuivie sur toute la surface du globe

и поради това буржоазията е преследвана по цялата повърхност на земното кълбо

La bourgeoisie doit se nicher partout, s'installer partout, établir des liens partout

Буржоазията трябва да се сгуши навсякъде, да се засели навсякъде, да установи връзки навсякъде

La bourgeoisie doit créer des marchés dans tous les coins du monde pour exploiter

Буржоазията трябва да създаде пазари във всяко кътче на света, за да ги експлоатира

La production et la consommation dans tous les pays ont reçu un caractère cosmopolite

Производството и потреблението във всяка страна имат космополитен характер

le chagrin des réactionnaires est palpable, mais il s'est poursuivi malgré tout

огорчението на реакционеристите е осезаемо, но то продължава независимо от това

La bourgeoisie a tiré de dessous les pieds de l'industrie le terrain national sur lequel elle se trouvait

Буржоазията извади изпод краката на индустрията националната почва, на която стоеше

Toutes les anciennes industries nationales ont été détruites, ou sont détruites chaque jour

всички стари национални индустрии са унищожени или ежедневно се унищожават

Toutes les anciennes industries nationales sont délogées par de nouvelles industries

всички стари национални индустрии са изместени от нови индустрии

Leur introduction devient une question de vie ou de mort pour toutes les nations civilisées

въвеждането им се превръща във въпрос на живот и смърт за всички цивилизовани нации

Ils sont délogés par les industries qui ne travaillent plus la matière première indigène

те са изместени от индустрии, които вече не обработват местни суровини

Au lieu de cela, ces industries extraient des matières premières des zones les plus reculées

Вместо това тези индустрии черпят суровини от най-отдалечените зони

**dont les produits sont consommés, non seulement chez
nous, mais dans tous les coins du monde**

индустрии, чиито продукти се консумират не само у дома,
но и във всеки квартал на земното кълбо

**À la place des anciens besoins, satisfaits par les productions
du pays, nous trouvons de nouveaux besoins**

На мястото на старите желания, задоволени от
производствата на страната, намираме нови желания

**Ces nouveaux besoins exigent pour leur satisfaction les
produits des pays et des climats lointains**

Тези нови нужди изискват за задоволяване продуктите на
далечни страни и климат

**À la place de l'ancien isolement et de l'autosuffisance locaux
et nationaux, nous avons le commerce**

На мястото на старото местно и национално уединение и
самодостатъчност, ние имаме търговия

**les échanges internationaux dans toutes les directions ;
l'interdépendance universelle des nations**

международен обмен във всяка посока; Всеобща
взаимозависимост на нациите

**Et de même que nous sommes dépendants des matériaux,
nous sommes dépendants de la production intellectuelle**

И точно както имаме зависимост от материалите, така сме
зависими и от интелектуалното производство

**Les créations intellectuelles des nations individuelles
deviennent la propriété commune**

Интелектуалните творения на отделните нации стават
обща собственост

**L'unilatéralité nationale et l'étroitesse d'esprit deviennent
de plus en plus impossibles**

Националната едностранчивост и тесногръдост стават все
по-невъзможни

**et des nombreuses littératures nationales et locales, surgit
une littérature mondiale**

и от многобройните национални и местни литератури
възниква световна литература

par l'amélioration rapide de tous les instruments de production

чрез бързото усъвършенстване на всички инструменти за производство

par les moyens de communication immensément facilités

чрез изключително улеснените средства за комуникация

La bourgeoisie entraîne tout le monde (même les nations les plus barbares) dans la civilisation

Буржоазията въвлича всички (дори и най-варварските народи) в цивилизацията

Les prix bon marché de ses marchandises ; l'artillerie lourde qui abat toutes les murailles chinoises

Ниските цени на неговите стоки; тежката артилерия, която разбива всички китайски стени

La haine obstinée des barbares contre les étrangers est forcée de capituler

Упоритата на варварите към чужденците е принудена да капитулира

Elle oblige toutes les nations, sous peine d'extinction, à adopter le mode de production bourgeois

Тя принуждава всички народи, под страх от изчезване, да приемат буржоазния начин на производство

elle les oblige à introduire ce qu'elle appelle la civilisation en leur sein

то ги принуждава да въведат това, което нарича цивилизация в средата си

La bourgeoisie force les barbares à devenir eux-mêmes bourgeois

Буржоазията принуждава варварите сами да станат буржоазия

en un mot, la bourgeoisie crée un monde à son image

с една дума, буржоазията създава свят по свой собствен образ

La bourgeoisie a soumis les campagnes à la domination des villes

Буржоазията е подчинила провинцията на властта на градовете

Il a créé d'énormes villes et considérablement augmenté la population urbaine

Тя създаде огромни градове и значително увеличи градското население

Il a sauvé une partie considérable de la population de l'idiotie de la vie rurale

той спаси значителна част от населението от идиотизма на селския живот

mais elle a rendu les ruraux dépendants des villes

но това е направило хората в провинцията зависими от градовете

et de même, elle a rendu les pays barbares dépendants des pays civilisés

и по същия начин тя направи варварските страни зависими от цивилизованите

nations paysannes sur nations bourgeoises, l'Orient sur Occident

нациите на селяните върху нациите на буржоазията, изтокът на запад

La bourgeoisie se débarrasse de plus en plus de l'éparpillement de la population

Буржоазията все повече премахва разпръснатото състояние на населението

Il a une production agglomérée et a concentré la propriété entre quelques mains

Тя има агломерирано производство и има концентрирана собственост в няколко ръце

La conséquence nécessaire de cela a été la centralisation politique

Необходимата последица от това беше политическата централизация

Il y avait eu des nations indépendantes et des provinces vaguement reliées entre elles

Имаше независими нации и слабо свързани провинции

Ils avaient des intérêts, des lois, des gouvernements et des systèmes d'imposition distincts

те имат отделни интереси, закони, правителства и системи за данъчно облагане

Mais ils ont été regroupés en une seule nation, avec un seul gouvernement

но те са се обединили в една нация, с едно правителство

Ils ont maintenant un intérêt de classe national, une frontière et un tarif douanier

сега те имат един национален класов интерес, една граница и една митническа тарифа

Et cet intérêt de classe national est unifié sous un seul code de loi

и този национален класов интерес е обединен в един кодекс на закона

la bourgeoisie a accompli beaucoup de choses au cours de son règne d'à peine cent ans

буржоазията е постигнала много по време на своето управление от едва сто години

forces productives plus massives et plus colossales que toutes les générations précédentes réunies

по-масивни и колосални производителни сили, отколкото всички предишни поколения заедно

Les forces de la nature sont soumises à la volonté de l'homme et de ses machines

Силите на природата са подчинени на волята на човека и неговата машина

La chimie s'applique à toutes les formes d'industrie et à tous les types d'agriculture

Химията се прилага във всички форми на промишленост и видове земеделие

la navigation à vapeur, les chemins de fer, les télégraphes électriques et l'imprimerie

Парна навигация, железопътни линии, електрически телеграфи и печатна преса

défrichement de continents entiers pour la culture, canalisation des rivières

разчистване на цели континенти за обработване, канализация на реки

Des populations entières ont été extirpées du sol et mises au travail

цели популации са били извадени от земята и поставени на работа

Quel siècle précédent avait ne serait-ce qu'un pressentiment de ce qui pourrait être déchaîné ?

Кой по-ранен век дори е имал предчувствие за това, което може да бъде отприщено?

Qui aurait prédit que de telles forces productives sommeillaient dans le giron du travail social ?

Кой предрече, че такива производителни сили дремят в скута на обществения труд?

Nous voyons donc que les moyens de production et d'échange ont été générés dans la société féodale

Виждаме тогава, че средствата за производство и размяна са били създадени във феодалното общество

les moyens de production sur la base desquels la bourgeoisie s'est construite

средствата за производство, на чиято основа се изгражда буржоазията

À un certain stade du développement de ces moyens de production et d'échange

На определен етап от развитието на тези средства за производство и размяна

les conditions dans lesquelles la société féodale produisait et échangeait

условията, при които феодалното общество произвежда и обменя

L'organisation féodale de l'agriculture et de l'industrie manufacturière

Феодалната организация на селското стопанство и преработващата промишленост

Les rapports féodaux de propriété n'étaient plus compatibles avec les conditions matérielles

феодалните отношения на собственост вече не бяха съвместими с материалните условия

Ils devaient être brisés, alors ils ont été brisés

Те трябваше да бъдат разкъсани, така че бяха разкъсани

À leur place s'est ajoutée la libre concurrence des forces productives

На тяхно място се намесва свободната конкуренция от страна на производителните сили

et ils étaient accompagnés d'une constitution sociale et politique adaptée à celle-ci

и те бяха придружени от социална и политическа конституция, адаптирана към нея

et elle s'accompagnait de l'emprise économique et politique de la classe bourgeoise

и то беше съпроводено от икономическото и политическо влияние на класата на буржоазията

Un mouvement similaire est en train de se produire sous nos yeux

Подобно движение се случва пред очите ни

La société bourgeoise moderne avec ses rapports de production, d'échange et de propriété

Съвременното буржоазно общество с неговите производствени отношения, размяна и собственост

une société qui a inventé des moyens de production et d'échange aussi gigantesques

общество, което е създало такива гигантски средства за производство и размяна

C'est comme le sorcier qui a invoqué les puissances de l'au-delà

Това е като магьосника, който призова силите на Долния свят

Mais il n'est plus capable de contrôler ce qu'il a mis au monde

но той вече не е в състояние да контролира това, което е донесъл на света

Pendant de nombreuses décennies, l'histoire a été liée par un fil conducteur

В продължение на много десетилетия историята е била свързана с обща нишка

L'histoire de l'industrie et du commerce n'a été que l'histoire des révoltes

Историята на индустрията и търговията е била само история на бунтове

Les révoltes des forces productives modernes contre les conditions modernes de production

бунтовете на съвременните производителни сили срещу съвременните условия на производство

Les révoltes des forces productives modernes contre les rapports de propriété

бунтовете на съвременните производителни сили срещу отношенията на собственост

ces rapports de propriété sont les conditions de l'existence de la bourgeoisie

тези отношения на собственост са условия за съществуването на буржоазията

et l'existence de la bourgeoisie détermine les règles des rapports de propriété

а съществуването на буржоазията определя правилата на отношенията на собственост

Il suffit de mentionner le retour périodique des crises commerciales

достатъчно е да споменем периодичното завръщане на търговските кризи

chaque crise commerciale est plus menaçante pour la société bourgeoise que la précédente

всяка търговска криза е по-заплашителна за буржоазното общество от предишната

Dans ces crises, une grande partie des produits existants sont détruits

При тези кризи голяма част от съществуващите продукти
се унищожават

**Mais ces crises détruisent aussi les forces productives créées
précédemment**

но тези кризи унищожават и създадените преди това
производителни сили

**Dans toutes les époques antérieures, ces épidémies auraient
semblé une absurdité**

във всички по-ранни епохи тези епидемии биха
изглеждали абсурдни

**parce que ces épidémies sont les crises commerciales de la
surproduction**

защото тези епидемии са търговски кризи на
свръхпроизводството

**La société se trouve soudain remise dans un état de barbarie
momentanée**

Обществото изведнъж се оказва отново в състояние на
моментно варварство

**comme si une guerre universelle de dévastation avait coupé
tous les moyens de subsistance**

сякаш една всеобща война на опустошение е отрязала
всички средства за препитание

**l'industrie et le commerce semblent avoir été détruits ; Et
pourquoi ?**

индустрията и търговията изглежда са унищожени; И
защо?

**Parce qu'il y a trop de civilisation et de moyens de
subsistance**

Защото има твърде много цивилизация и средства за
препитание

et parce qu'il y a trop d'industrie et trop de commerce

и защото има твърде много индустрия и твърде много
търговия

**Les forces productives à la disposition de la société ne
développent plus la propriété bourgeoise**

Производителните сили, с които разполага обществото, вече не развиват буржоазната собственост

au contraire, ils sont devenus trop puissants pour ces conditions, par lesquelles ils sont enchaînés

напротив, те са станали твърде силни за тези условия, от които са оковани

dès qu'ils surmontent ces entraves, ils mettent le désordre dans toute la société bourgeoise

щом преодолеят тези окови, те внасят безпорядък в цялото буржоазно общество

et les forces productives mettent en danger l'existence de la propriété bourgeoise

и производителните сили застрашават съществуването на буржоазната собственост

Les conditions de la société bourgeoise sont trop étroites pour englober les richesses qu'elles créent

Условията на буржоазното общество са твърде тесни, за да обхванат богатството, създадено от тях

Et comment la bourgeoisie surmonte-t-elle ces crises ?

И как буржоазията преодолява тези кризи?

D'une part, elle surmonte ces crises par la destruction forcée d'une masse de forces productives

От една страна, тя преодолява тези кризи чрез насилствено унищожаване на маса от производителни сили

D'autre part, elle surmonte ces crises par la conquête de nouveaux marchés

От друга страна, тя преодолява тези кризи чрез завладяването на нови пазари

et elle surmonte ces crises par l'exploitation plus poussée des anciennes forces productives

и преодолява тези кризи чрез по-задълбочена експлоатация на старите производствени сили

C'est-à-dire en ouvrant la voie à des crises plus étendues et plus destructrices

С други думи, като проправят пътя за по-обширни и по-разрушителни кризи

elle surmonte la crise en diminuant les moyens de prévention des crises

той преодолява кризата, като намалява средствата за предотвратяване на кризи

Les armes avec lesquelles la bourgeoisie a abattu le féodalisme sont maintenant retournées contre elle-même

Оръжията, с които буржоазията събори феодализма до основи, сега са обърнати срещу самата себе си

Mais non seulement la bourgeoisie a-t-elle forgé les armes qui lui apportent la mort

Но буржоазията не само е изковала оръжията, които носят смърт на самата себе си

Il a également appelé à l'existence les hommes qui doivent manier ces armes

тя също така е създала хората, които трябва да владеят тези оръжия

Et ces hommes sont la classe ouvrière moderne ; Ce sont les prolétaires

и тези хора са съвременната работническа класа; те са пролетариите

À mesure que la bourgeoisie se développe, le prolétariat se développe dans la même proportion

В степента, в която се развива буржоазията, в същата пропорция се развива и пролетариатът

La classe ouvrière moderne a développé une classe d'ouvriers

Съвременната работническа класа развива класа от работници

Cette classe d'ouvriers ne vit que tant qu'elle trouve du travail

Тази класа работници живее само докато си намери работа

et ils ne trouvent de travail qu'aussi longtemps que leur travail augmente le capital

и те намират работа само докато техният труд увеличава капитала

Ces ouvriers, qui doivent se vendre à la pièce, sont une marchandise

Тези работници, които трябва да се продават на парче, са стока

Ces ouvriers sont comme tous les autres articles de commerce

Тези работници са като всеки друг предмет на търговията

et, par conséquent, ils sont exposés à toutes les vicissitudes de la concurrence

и следователно те са изложени на всички превратности на конкуренцията

Ils doivent faire face à toutes les fluctuations du marché

те трябва да издържат на всички колебания на пазара

En raison de l'utilisation intensive des machines et de la division du travail

Поради широкото използване на машините и разделението на труда

Le travail des prolétaires a perdu tout caractère individuel

Работата на пролетариите е загубила всякакъв индивидуален характер

et, par conséquent, le travail des prolétaires a perdu tout charme pour l'ouvrier

и следователно работата на пролетариите е загубила всякакво очарование за работника

Il devient un appendice de la machine, plutôt que l'homme qu'il était autrefois

Той се превръща в придатък на машината, а не в човека, който някога е бил

On n'exige de lui que l'habileté la plus simple, la plus monotone et la plus facile à acquérir

От него се изисква само най-простото, монотонно и най-лесно придобиваното умение

Par conséquent, le coût de production d'un ouvrier est limité

Следователно производствените разходи на работника са ограничени

elle se limite presque entièrement aux moyens de subsistance dont il a besoin pour son entretien

тя е ограничена почти изцяло до средствата за препитание, които той се нуждае за издръжката си

et elle est limitée aux moyens de subsistance dont il a besoin pour la propagation de sa race

и то е ограничено до средствата за препитание, от които се нуждае за размножаване на своята раса

Mais le prix d'une marchandise, et par conséquent aussi du travail, est égal à son coût de production

Но цената на стоката, а следователно и на труда, е равна на нейните производствени разходи

C'est pourquoi, à mesure que le travail répugnant augmente, le salaire diminue

Следователно, пропорционално, с нарастването на отблъскването на работата, заплатата намалява

Bien plus, le caractère répugnant de son travail augmente à un rythme encore plus grand

Нещо повече, отблъскването на работата му нараства с още по-голяма скорост

À mesure que l'utilisation des machines et la division du travail augmentent, le fardeau du labeur augmente également

С увеличаването на използването на машини и разделението на труда се увеличава и тежестта на труда

La charge de travail est augmentée par la prolongation du temps de travail

тежестта на труда се увеличава чрез удължаване на работното време

On attend plus de l'ouvrier dans le même temps qu'auparavant

от работника се очаква повече в същото време, както и преди

Et bien sûr, le poids du labeur est augmenté par la vitesse de la machine

и, разбира се, тежестта на труда се увеличава от скоростта на машините

L'industrie moderne a transformé le petit atelier du maître patriarcal en la grande usine du capitaliste industriel

Съвременната индустрия превърна малката работилница на патриархалния господар във великата фабрика на индустриалния капиталист

Des masses d'ouvriers, entassés dans l'usine, s'organisent comme des soldats

Маси от работници, натъпкани във фабриката, са организирани като войници

En tant que simples soldats de l'armée industrielle, ils sont placés sous le commandement d'une hiérarchie parfaite d'officiers et de sergents

Като редници на индустриалната армия те са поставени под командването на съвършена йерархия от офицери и сержанти

ils ne sont pas seulement les esclaves de la classe bourgeoise et de l'État

те са не само роби на класата и държавата на буржоазията

Mais ils sont aussi asservis quotidiennement et d'heure en heure par la machine

но те също така ежедневно и ежечасно са поробвани от машината

ils sont asservis par le surveillant, et surtout par le fabricant bourgeois lui-même

те са поробени от надзирателя и преди всичко от самия отделен буржоазен фабрикант

Plus ce despotisme proclame ouvertement que le gain est sa fin et son but, plus il est mesquin, plus haïssable et plus aigri

Колкото по-открито този деспотизъм провъзгласява печалбата за своя цел и цел, толкова по-дребнава, толкова по-омразна и по-огорчена е тя

Plus l'industrie moderne se développe, moins les différences entre les sexes sont grandes

Колкото повече се развива модерната индустрия, толкова по-малки са разликите между половете

Moins le travail manuel exige d'habileté et d'effort de force, plus le travail des hommes est supplanté par celui des femmes

Колкото по-малко умението и усилието на силата се предполагат в ръчния труд, толкова повече трудът на мъжете се измества от този на жените

Les différences d'âge et de sexe n'ont plus de validité sociale distincte pour la classe ouvrière

Разликите във възрастта и пола вече нямат никаква отличителна социална значимост за работническата класа

Tous sont des instruments de travail, plus ou moins coûteux à utiliser, selon leur âge et leur sexe

Всички те са инструменти на труда, повече или по-малко скъпи за използване, в зависимост от възрастта и пола им

dès que l'ouvrier reçoit son salaire en espèces, il est attaqué par les autres parties de la bourgeoisie

щом работникът получи заплатата си в брой, той бива определен от другите части на буржоазията

le propriétaire, le commerçant, le prêteur sur gages, etc

наемодателят, собственикът на магазина, заложната къща и т.н

Les couches inférieures de la classe moyenne ; les petits commerçants et les commerçants

По-ниските слоеве на средната класа; дребните търговци и търговците

les commerçants retraités en général, et les artisans et les paysans

пенсионираните търговци като цяло, занаятчиите и селяните

tout cela s'enfonce peu à peu dans le prolétariat

всички те постепенно потъват в пролетариата

en partie parce que leur petit capital ne suffit pas à l'échelle sur laquelle l'industrie moderne est exercée

отчасти защото техният малък капитал не е достатъчен за мащаба, в който се осъществява модерната индустрия

et parce qu'elle est submergée par la concurrence avec les grands capitalistes

и защото е потопен в конкуренцията с едрите капиталисти

en partie parce que leur savoir-faire spécialisé est rendu sans valeur par les nouvelles méthodes de production

отчасти защото техните специализирани умения обезценяват новите методи на производство

Ainsi le prolétariat se recrute dans toutes les classes de la population

Така пролетариатът се набира от всички класи на населението

Le prolétariat passe par différents stades de développement

Пролетариатът преминава през различни етапи на развитие

Avec sa naissance commence sa lutte contre la bourgeoisie

С раждането му започва борбата му с буржоазията

Dans un premier temps, la lutte est menée par des ouvriers individuels

Отначало състезанието се води от отделни работници

Ensuite, le concours est mené par les ouvriers d'une usine

тогава състезанието се провежда от работниците на фабриката

Ensuite, la lutte est menée par les agents d'un métier, dans une localité

след това състезанието се води от работниците на един занаят, в едно населено място

et la lutte est alors contre la bourgeoisie individuelle qui les exploite directement

и тогава състезанието е срещу отделната буржоазия, която директно ги експлоатира

Ils ne dirigent pas leurs attaques contre les conditions de production de la bourgeoisie

Те насочват своите атаки не срещу буржоазните условия на производство

mais ils dirigent leur attaque contre les instruments de production eux-mêmes

но те насочват атаката си срещу самите инструменти за производство

Ils détruisent les marchandises importées qui font concurrence à leur main-d'œuvre

те унищожават вносни стоки, които се конкурират с техния труд

Ils brisent les machines et mettent le feu aux usines

Те разбиват на парчета машини и подпалват фабрики

ils cherchent à restaurer par la force le statut disparu de l'ouvrier du Moyen Âge

те се стремят да възстановят със сила изчезналия статут на работника от Средновековието

À ce stade, les ouvriers forment encore une masse incohérente dispersée dans tout le pays

На този етап работниците все още образуват несвързана маса, разпръсната из цялата страна

et ils sont brisés par leur concurrence mutuelle

и те са разбити от взаимното си съревнование

S'ils s'unissent quelque part pour former des corps plus compacts, ce n'est pas encore la conséquence de leur propre union active

Ако някъде те се обединят, за да образуват по-компактни тела, това все още не е следствие от техния собствен активен съюз

mais c'est une conséquence de l'union de la bourgeoisie, d'atteindre ses propres fins politiques

но това е следствие от обединението на буржоазията, за да постигне собствените си политически цели

la bourgeoisie est obligée de mettre en mouvement tout le prolétariat

буржоазията е принудена да задвижи целия пролетариат

et d'ailleurs, pour un temps, la bourgeoisie est capable de le faire

и освен това за известно време буржоазията е в състояние да направи това

À ce stade, les prolétaires ne combattent donc pas leurs ennemis

Следователно на този етап пролетариите не се борят с враговете си

mais au lieu de cela, ils combattent les ennemis de leurs ennemis

но вместо това те се борят с враговете на враговете си.

La lutte contre les vestiges de la monarchie absolue et les propriétaires terriens

борбата с остатъците от абсолютната монархия и помешчиците

ils combattent la bourgeoisie non industrielle ; la petite bourgeoisie

те се борят с неиндустриалната буржоазия; дребната буржоазия

Ainsi tout le mouvement historique est concentré entre les mains de la bourgeoisie

Така цялото историческо движение е съсредоточено в ръцете на буржоазията

chaque victoire ainsi obtenue est une victoire pour la bourgeoisie

всяка така постигната победа е победа за буржоазията

Mais avec le développement de l'industrie, le prolétariat ne se contente pas d'augmenter en nombre

Но с развитието на индустрията пролетариатът не само се увеличава по брой

le prolétariat se concentre en masses plus grandes et sa force s'accroît

пролетариатът се концентрира в по-големи маси и силата му нараства

et le prolétariat ressent de plus en plus cette force

и пролетариатът усеща тази сила все повече и повече

Les divers intérêts et conditions de vie dans les rangs du prolétariat sont de plus en plus égalisés

Различните интереси и условия на живот в редиците на пролетариата все повече се изравняват

elles deviennent plus proportionnelles à mesure que les machines effacent toutes les distinctions de travail

те стават все по-пропорционални, тъй като машините заличават всички различия на труда

et les machines réduisent presque partout les salaires au même bas niveau

а машините почти навсякъде намаляват заплатите до същото ниско ниво

La concurrence croissante entre la bourgeoisie et les crises commerciales qui en résultent rendent les salaires des ouvriers de plus en plus fluctuants

Нарастващата конкуренция между буржоазията и произтичащите от нея търговски кризи правят заплатите на работниците все по-колебаещи се

L'amélioration incessante des machines, qui se développe de plus en plus rapidement, rend leurs moyens d'existence de plus en plus précaires

Непрекъснатото усъвършенстване на машините, все по-бързо развиващо се, прави поминъка им все по-несигурен

les collisions entre les ouvriers individuels et la bourgeoisie individuelle prennent de plus en plus le caractère de collisions entre deux classes

сблъсъците между отделните работници и отделната буржоазия все повече придобиват характер на сблъсъци между две класи

Là-dessus, les ouvriers commencent à former des associations (syndicats) contre la bourgeoisie

След това работниците започват да образуват комбинации (профсъюзи) срещу буржоазията

Ils s'associent pour maintenir le taux des salaires

те се обединяват, за да поддържат процента на заплатите

Ils fondèrent des associations permanentes afin de pourvoir à l'avance à ces révoltes occasionnelles

те намериха постоянни сдружения, за да се погрижат предварително за тези случайни бунтове

Ici et là, la lutte éclate en émeutes

Тук-там състезанието избухва в бунтове

De temps en temps, les ouvriers sont victorieux, mais seulement pour un temps

От време на време работниците побеждават, но само за известно време

Le vrai fruit de leurs luttes n'est pas dans le résultat immédiat, mais dans l'union toujours plus grande des travailleurs

Истинският плод на техните битки се крие не в непосредствения резултат, а във все по-разширяващия се съюз на работниците

Cette union est favorisée par les moyens de communication améliorés créés par l'industrie moderne

Този съюз е подпомогнат от подобрените средства за комуникация, създадени от съвременната индустрия

La communication moderne met en contact les travailleurs de différentes localités les uns avec les autres

съвременната комуникация поставя работниците от различни населени места в контакт помежду си

C'était précisément ce contact qui était nécessaire pour centraliser les nombreuses luttes locales en une lutte nationale entre les classes

Именно този контакт беше необходим, за да се централизират многобройните местни борби в една национална борба между класите

Toutes ces luttes sont du même caractère, et toute lutte de classe est une lutte politique

Всички тези борби са от един и същ характер и всяка класова борба е политическа борба

les bourgeois du moyen âge, avec leurs misérables routes, mettaient des siècles à former leurs syndicats

бюргерите от Средновековието, с техните мизерни магистрали, са имали нужда от векове, за да създадат своите съюзи

Les prolétaires modernes, grâce aux chemins de fer, réalisent leurs syndicats en quelques années

Съвременните пролетарии, благодарение на железниците, постигат своите съюзи в рамките на няколко години

Cette organisation des prolétaires en classe les a donc formés en parti politique

Впоследствие тази организация на пролетариите в класа ги превърна в политическа партия

La classe politique est continuellement bouleversée par la concurrence entre les travailleurs eux-mêmes

политическата класа непрекъснато отново се разстройва от конкуренцията между самите работници

Mais la classe politique continue de se soulever, plus forte, plus ferme, plus puissante

Но политическата класа продължава да се издига отново, по-силна, по-силна, по-силна

Elle oblige la législation à reconnaître les intérêts particuliers des travailleurs

Той задължава законодателното признаване на особените интереси на работниците

il le fait en profitant des divisions au sein de la bourgeoisie elle-même

той прави това, като се възползва от разделенията сред самата буржоазия

C'est ainsi qu'en Angleterre fut promulguée la loi sur les dix heures

Така десетчасовият законопроект в Англия беше приет в сила

à bien des égards, les collisions entre les classes de l'ancienne société sont en outre le cours du développement du prolétariat

в много отношения сблъсъците между класите на старото общество са по-нататъшно развитие на пролетариата

La bourgeoisie se trouve engagée dans une bataille de tous les instants

Буржоазията се оказва въвлечена в постоянна битка

Dans un premier temps, il se trouvera impliqué dans une bataille constante avec l'aristocratie

Отначало тя ще се окаже въвлечена в постоянна битка с аристокрацията

plus tard, elle se trouvera engagée dans une lutte constante avec ces parties de la bourgeoisie elle-même

по-късно тя ще се окаже въвлечена в постоянна битка с тези части от самата буржоазия

et leurs intérêts seront devenus antagonistes au progrès de l'industrie

и техните интереси ще станат антагонистични на прогреса на индустрията

à tout moment, leurs intérêts seront devenus antagonistes avec la bourgeoisie des pays étrangers

във всяко време техните интереси ще станат антагонистични с буржоазията на чуждите страни

Dans toutes ces batailles, elle se voit obligée de faire appel au prolétariat et lui demande son aide

Във всички тези битки той се вижда принуден да се обърне към пролетариата и моли за помощта му

Et ainsi, il se sentira obligé de l'entraîner dans l'arène politique

и по този начин ще се почувства принуден да го извлече на политическата арена

C'est pourquoi la bourgeoisie elle-même fournit au prolétariat ses propres instruments d'éducation politique et générale

Следователно самата буржоазия снабдява пролетариата със свои собствени инструменти за политическо и общо възпитание

c'est-à-dire qu'il fournit au prolétariat des armes pour combattre la bourgeoisie

с други думи, тя снабдява пролетариата с оръжие за борба
с буржоазията

**De plus, comme nous l'avons déjà vu, des sections entières
des classes dominantes sont précipitées dans le prolétariat**

По-нататък, както вече видяхме, цели слоеве на
господстващите класи се изхвърлят в пролетариата

le progrès de l'industrie les aspire dans le prolétariat

напредъкът на индустрията ги засмуква в пролетариата

**ou, du moins, ils sont menacés dans leurs conditions
d'existence**

или поне са застрашени в условията на съществуване

**Ceux-ci fournissent également au prolétariat de nouveaux
éléments d'illumination et de progrès**

Те също така снабдяват пролетариата със свежи елементи
на просвещение и прогрес

Enfin, à l'approche de l'heure décisive de la lutte des classes

И накрая, във времена, когато класовата борба наближава
решителния час

**le processus de dissolution en cours au sein de la classe
dirigeante**

процесът на разпадане, протичащ в управляващата класа

**En fait, la dissolution en cours au sein de la classe dirigeante
se fera sentir dans toute la société**

всъщност разпадането, което се случва в управляващата
класа, ще се усети в цялото общество

**Il prendra un caractère si violent et si flagrant qu'une petite
partie de la classe dirigeante se laissera aller à la dérive**

Тя ще придобие такъв насилствен, крещящ характер, че
малка част от управляващата класа ще се откъсне

et que la classe dirigeante rejoindra la classe révolutionnaire

и тази управляваща класа ще се присъедини към
революционната класа

**La classe révolutionnaire étant la classe qui tient l'avenir
entre ses mains**

революционната класа е класата, която държи бъдещето в
ръцете си

Comme à une époque antérieure, une partie de la noblesse passa dans la bourgeoisie

Точно както в по-ранен период, част от благородничеството преминава към буржоазията

de la même manière qu'une partie de la bourgeoisie passera au prolétariat

по същия начин част от буржоазията ще премине към пролетариата

en particulier, une partie de la bourgeoisie passera à une partie des idéologues de la bourgeoisie

по-специално, част от буржоазията ще премине към част от буржоазните идеолози

Des idéologues bourgeois qui se sont élevés au niveau de la compréhension théorique du mouvement historique dans son ensemble

Буржоазни идеолози, които се издигнаха до нивото на теоретично разбиране на историческото движение като цяло

De toutes les classes qui se trouvent aujourd'hui en face de la bourgeoisie, seule le prolétariat est une classe vraiment révolutionnaire

От всички класи, които днес стоят лице в лице с буржоазията, само пролетариатът е наистина революционна класа

Les autres classes se dégradent et finissent par disparaître devant l'industrie moderne

Другите класи се разпадат и накрая изчезват пред лицето на модерната индустрия

le prolétariat est son produit spécial et essentiel

Пролетариатът е негов специален и основен продукт

La petite bourgeoisie, le petit industriel, le commerçant, l'artisan, le paysan

Долната средна класа, дребният производител, магазинерът, занаятчият, селянината

toutes ces luttes contre la bourgeoisie

всички тези борби срещу буржоазията

Ils se battent en tant que fractions de la classe moyenne pour se sauver de l'extinction

те се борят като фракции от средната класа, за да се спасят от изчезване

Ils ne sont donc pas révolutionnaires, mais conservateurs

Следователно те не са революционни, а консервативни

Bien plus, ils sont réactionnaires, car ils essaient de faire reculer la roue de l'histoire

Нещо повече, те са реакционни, защото се опитват да върнат колелото на историята назад

Si par hasard ils sont révolutionnaires, ils ne le sont qu'en vue de leur transfert imminent dans le prolétariat

Ако случайно те са революционни, те са такива само с оглед на предстоящото им прехвърляне в пролетариата

Ils défendent ainsi non pas leurs intérêts présents, mais leurs intérêts futurs

По този начин те защитават не настоящите си, а бъдещите си интереси

ils désertent leur propre point de vue pour se placer à celui du prolétariat

те изоставят собствената си гледна точка, за да се поставят на тази на пролетариата

La « classe dangereuse », la racaille sociale, cette masse en décomposition passive rejetée par les couches les plus basses de la vieille société

"Опасната класа", социалната, тази пасивно гниеща маса, изхвърлена от най-ниските слоеве на старото общество

Ils peuvent, ici et là, être entraînés dans le mouvement par une révolution prolétarienne

те могат тук-там да бъдат пометени в движението от пролетарска революция

Ses conditions de vie, cependant, le préparent beaucoup plus au rôle d'instrument soudoyé de l'intrigue réactionnaire

условията на живот обаче го подготвят много повече за ролята на подкупено оръдие на реакционни интриги

Dans les conditions du prolétariat, ceux de l'ancienne société dans son ensemble sont déjà virtuellement submergés

В условията на пролетариата тези на старото общество като цяло вече са фактически затрупани

Le prolétaire est sans propriété

Пролетарият е без собственост

ses rapports avec sa femme et ses enfants n'ont plus rien de commun avec les relations familiales de la bourgeoisie

отношението му към жена и децата вече няма нищо общо със семейните отношения на буржоазията

le travail industriel moderne, la sujétion moderne au capital, la même en Angleterre qu'en France, en Amérique comme en Allemagne

модерен индустриален труд, модерно подчинение на капитала, същото в Англия, както във Франция, в Америка, така и в Германия

Sa condition dans la société l'a dépouillé de toute trace de caractère national

положението му в обществото го е лишило от всяка следа от национален характер

La loi, la morale, la religion, sont pour lui autant de préjugés bourgeois

Законът, моралът, религията са за него толкова много буржоазни предразсъдъци

et derrière ces préjugés se cachent en embuscade autant d'intérêts bourgeois

и зад тези предразсъдъци се крият в засада също толкова буржоазни интереси

Toutes les classes précédentes, qui ont pris le dessus, ont cherché à fortifier leur statut déjà acquis

Всички предишни класи, които получиха надмощие, се стремяха да укрепят вече придобития си статут

Ils l'ont fait en soumettant la société dans son ensemble à leurs conditions d'appropriation

те направиха това, като подчиниха обществото като цяло на своите условия на присвояване

Les prolétaires ne peuvent pas devenir maîtres des forces productives de la société

Пролетариите не могат да станат господари на производителните сили на обществото

elle ne peut le faire qu'en abolissant son propre mode d'appropriation antérieur

то може да направи това само чрез премахване на собствения си предишен начин на присвояване

et par là même elle abolit tout autre mode d'appropriation antérieur

и по този начин премахва и всеки друг предишен начин на присвояване

Ils n'ont rien à eux pour s'assurer et se fortifier

Те нямат нищо свое, което да обезопасят и укрепят.

Leur mission est de détruire toutes les sûretés antérieures et les assurances de biens individuels

тяхната мисия е да унищожат всички предишни ценни книжа и застраховки на индивидуална собственост

Tous les mouvements historiques antérieurs étaient des mouvements de minorités

Всички предишни исторически движения са били движения на малцинства

ou bien il s'agissait de mouvements dans l'intérêt des minorités

или са движения в интерес на малцинствата

Le mouvement prolétarien est le mouvement conscient et indépendant de l'immense majorité

Пролетарското движение е самосъзнателно, независимо движение на огромното мнозинство

Et c'est un mouvement dans l'intérêt de l'immense majorité

и това е движение в интерес на огромното мнозинство

Le prolétariat, couche la plus basse de notre société actuelle

Пролетариатът, най-ниският слой на нашето сегашно общество

elle ne peut ni s'agiter ni s'élever sans que toutes les couches supérieures de la société officielle ne soient soulevées en l'air

Тя не може да се раздвижи или да се издигне, без да се издигнат във въздуха всички управляващи слоеве на официалното общество

Loin d'être dans le fond, mais dans la forme, la lutte du prolétariat contre la bourgeoisie est d'abord une lutte nationale

Макар и не по същество, но по форма, борбата на пролетариата с буржоазията е отначало национална борба

Le prolétariat de chaque pays doit, bien entendu, régler d'abord ses affaires avec sa propre bourgeoisie

Пролетариатът на всяка страна трябва, разбира се, преди всичко да уреди въпросите със своята буржоазия

En décrivant les phases les plus générales du développement du prolétariat, nous avons retracé la guerre civile plus ou moins voilée

Изобразявайки най-общите фази на развитието на пролетариата, ние проследихме повече или по-малко завоалираната гражданска война

Ce civil fait rage au sein de la société existante

Това гражданско бушува в съществуващото общество

Elle fera rage jusqu'au point où cette guerre éclatera en révolution ouverte

тя ще бушува до точката, в която тази война избухне в открита революция

et alors le renversement violent de la bourgeoisie jette les bases de l'emprise du prolétariat

и тогава насилственото сваляне на буржоазията полага основите на властта на пролетариата

Jusqu'à présent, toute forme de société a été fondée, comme nous l'avons déjà vu, sur l'antagonisme des classes oppressives et opprimées

Досега всяка форма на общество се основаваше, както вече видяхме, на антагонизма на потиснатите и потиснатите класи

Mais pour opprimer une classe, il faut lui assurer certaines conditions

Но за да се потиска една класа, трябва да й се осигурят определени условия

La classe doit être maintenue dans des conditions dans lesquelles elle peut, au moins, continuer son existence servile

класата трябва да се поддържа при условия, в които тя може поне да продължи своето робско съществуване

Le serf, à l'époque du servage, s'élevait lui-même au rang d'adhérent à la commune

Крепостният селянин в периода на крепостничеството се издига до член на комуната

de même que la petite bourgeoisie, sous le joug de l'absolutisme féodal, a réussi à se développer en bourgeoisie

точно както дребната буржоазия, под игото на феодалния абсолютизъм, успя да се превърне в буржоазия

L'ouvrier moderne, au contraire, au lieu de s'élever avec les progrès de l'industrie, s'enfonce de plus en plus profondément

Съвременният работник, напротив, вместо да се издига с напредъка на индустрията, потъва все по-дълбоко и по-дълбоко

il s'enfonce au-dessous des conditions d'existence de sa propre classe

той потъва под условията на съществуване на собствената си класа

Il devient pauvre, et le paupérisme se développe plus rapidement que la population et la richesse

Той става просяк, а пауперизмът се развива по-бързо от населението и богатството

Et c'est là qu'il devient évident que la bourgeoisie n'est plus apte à être la classe dominante dans la société

И тук става ясно, че буржоазията вече не е годна да бъде
господстваща класа в обществото
**et elle n'est pas digne d'imposer ses conditions d'existence à
la société comme une loi prépondérante**
и е неподходящо да налага своите условия на
съществуване на обществото като върховен закон
**Il est inapte à gouverner parce qu'il est incompétent pour
assurer une existence à son esclave dans son esclavage**
То е неспособно да управлява, защото е некомпетентно да
осигури съществуване на своя роб в неговото робство
**parce qu'il ne peut s'empêcher de le laisser sombrer dans un
tel état, qu'il doit le nourrir, au lieu d'être nourri par lui**
защото не може да не го остави да потъне в такова
състояние, че трябва да го храни, вместо да бъде хранен от
него
La société ne peut plus vivre sous cette bourgeoisie
Обществото вече не може да живее под тази буржоазия
**En d'autres termes, son existence n'est plus compatible avec
la société**
С други думи, съществуването му вече не е съвместимо с
обществото
**La condition essentielle de l'existence et de l'influence de la
classe bourgeoise est la formation et l'accroissement du
capital**
Съществ*ено*то условие за съществуването и за
господството на класата на буржоазията е формирането и
увеличаването на капитала
La condition du capital, c'est le salariat-travail
условието за капитал е наемният труд
**Le travail salarié repose exclusivement sur la concurrence
entre les travailleurs**
Наемният труд почива изключително на конкуренцията
между работниците
**Le progrès de l'industrie, dont le promoteur involontaire est
la bourgeoisie, remplace l'isolement des ouvriers**

Напредъкът на индустрията, чийто неволен поддръжник е буржоазията, замества изолацията на работниците
en raison de la concurrence, en raison de leur combinaison révolutionnaire, en raison de l'association
поради конкуренцията, поради революционната им комбинация, поради асоциацията
Le développement de l'industrie moderne lui coupe sous les pieds les fondements mêmes sur lesquels la bourgeoisie produit et s'approprie les produits
Развитието на модерната индустрия изрязва изпод краката й самата основа, върху която буржоазията произвежда и присвоява продукти
Ce que la bourgeoisie produit avant tout, ce sont ses propres fossoyeurs
Това, което буржоазията произвежда, преди всичко, са собствените си гробари
La chute de la bourgeoisie et la victoire du prolétariat sont également inévitables
Падането на буржоазията и победата на пролетариата са еднакво неизбежни

Prolétaires et communistes
Пролетарии и комунисти

Quel est le rapport des communistes vis-à-vis de l'ensemble des prolétaires ?

В какво отношение стоят комунистите към пролетариите като цяло?

Les communistes ne forment pas un parti séparé opposé aux autres partis de la classe ouvrière

Комунистите не образуват отделна партия, противоположна на другите партии на работническата класа

Ils n'ont pas d'intérêts séparés de ceux du prolétariat dans son ensemble

Те нямат интереси, отделни и отделни от тези на пролетариата като цяло

Ils n'établissent pas de principes sectaires qui leur soient propres pour façonner et modeler le mouvement prolétarien

Те не установяват никакви собствени сектантски принципи, чрез които да оформят и оформят пролетарското движение

Les communistes ne se distinguent des autres partis ouvriers que par deux choses

Комунистите се отличават от другите работнически партии само с две неща

Premièrement, ils signalent et mettent en avant les intérêts communs de l'ensemble du prolétariat, indépendamment de toute nationalité

Първо, те изтъкват и извеждат на преден план общите интереси на целия пролетариат, независимо от всяка националност

C'est ce qu'ils font dans les luttes nationales des prolétaires des différents pays

това те правят в националните борби на пролетариите от различните страни

Deuxièmement, ils représentent toujours et partout les intérêts du mouvement dans son ensemble

Второ, те винаги и навсякъде представляват интересите на движението като цяло

c'est ce qu'ils font dans les différents stades de développement par lesquels doit passer la lutte de la classe ouvrière contre la bourgeoisie

това те правят в различните стадии на развитие, през които трябва да премине борбата на работническата класа срещу буржоазията

Les communistes sont donc, d'une part, pratiquement, la section la plus avancée et la plus résolue des partis ouvriers de tous les pays

Следователно комунистите са, от една страна, на практика, най-напредналата и решителна част от работническите партии във всяка страна

Ils sont cette section de la classe ouvrière qui pousse en avant toutes les autres

те са онази част от работническата класа, която тласка напред всички останали

Théoriquement, ils ont aussi l'avantage de bien comprendre la ligne de marche

Теоретично те също имат предимството да разбират ясно линията на похода

C'est ce qu'ils comprennent mieux par rapport à la grande masse du prolétariat

Те разбират това по-добре в сравнение с огромната маса на пролетариата

Ils comprennent les conditions et les résultats généraux ultimes du mouvement prolétarien

те разбират условията и крайните общи резултати на пролетарското движение

Le but immédiat du Parti communiste est le même que celui de tous les autres partis prolétariens

Непосредствената цел на комунистите е същата като тази на всички останали пролетарски партии

Leur but est la formation du prolétariat en classe

тяхната цел е формирането на пролетариата в класа

ils visent à renverser la suprématie de la bourgeoisie

те се стремят да свалят господството на буржоазията

la conquête du pouvoir politique par le prolétariat

стремежът към завладяване на политическата власт от пролетариата

Les conclusions théoriques des communistes ne sont nullement basées sur des idées ou des principes de réformateurs

Теоретичните заключения на комунистите по никакъв начин не се основават на идеи или принципи на реформаторите

ce ne sont pas des prétendus réformateurs universels qui ont inventé ou découvert les conclusions théoriques des communistes

не бъдещите универсални реформатори са тези, които са измислили или открили теоретичните заключения на комунистите

Ils ne font qu'exprimer, en termes généraux, des rapports réels qui naissent d'une lutte de classe existante

Те просто изразяват в общи линии действителните отношения, произтичащи от съществуващата класова борба

Et ils décrivent le mouvement historique qui se déroule sous nos yeux et qui a créé cette lutte des classes

и те описват историческото движение, което се случва пред очите ни, което е създало тази класова борба

L'abolition des rapports de propriété existants n'est pas du tout un trait distinctif du communisme

Премахването на съществуващите отношения на собственост изобщо не е отличителна черта на комунизма

Dans le passé, toutes les relations de propriété ont été continuellement sujettes à des changements historiques

Всички отношения на собственост в миналото са били непрекъснато обект на исторически промени

et ces changements ont été consécutifs au changement des conditions historiques

и тези промени са следствие от промяната на историческите условия

La Révolution française, par exemple, a aboli la propriété féodale au profit de la propriété bourgeoise

Френската революция, например, премахва феодалната собственост в полза на буржоазната собственост

Le trait distinctif du communisme n'est pas l'abolition de la propriété, en général

Отличителната черта на комунизма не е премахването на собствеността като цяло

mais le trait distinctif du communisme, c'est l'abolition de la propriété bourgeoise

но отличителната черта на комунизма е премахването на буржоазната собственост

Mais la propriété privée de la bourgeoisie moderne est l'expression ultime et la plus complète du système de production et d'appropriation des produits

Но съвременната частна собственост на буржоазията е окончателният и най-пълен израз на системата на производство и присвояване на продукти

C'est l'état final d'un système basé sur les antagonismes de classe, où l'antagonisme de classe est l'exploitation du plus grand nombre par quelques-uns

Това е окончателното състояние на системата, която се основава на класови антагонизми, където класовият антагонизъм е експлоатация на мнозинството от малцина

En ce sens, la théorie des communistes peut se résumer en une seule phrase ; l'abolition de la propriété privée

В този смисъл теорията на комунистите може да бъде обобщена в едно изречение; премахването на частната собственост

On nous a reproché, à nous communistes, de vouloir abolir le droit d'acquérir personnellement des biens

Ние, комунистите, бяхме упреквани в желанието да се премахне правото на лично придобиване на собственост

On prétend que cette propriété est le fruit du travail de l'homme

твърди се, че това свойство е плод на собствения труд на човека

et cette propriété est censée être le fondement de toute liberté, de toute activité et de toute indépendance individuelles.

и се твърди, че това свойство е основата на цялата лична свобода, дейност и независимост.

« Propriété durement gagnée, auto-acquise, auto-gagnée ! »

"Трудно спечелена, самостоятелно придобита, самоспечелена собственост!"

Voulez-vous dire la propriété du petit artisan et du petit paysan ?

Имате предвид собствеността на дребния занаятчия и на дребния селянин?

Voulez-vous parler d'une forme de propriété qui a précédé la forme bourgeoise ?

Имате предвид форма на собственост, която предшества буржоазната форма?

Il n'est pas nécessaire de l'abolir, le développement de l'industrie l'a déjà détruit dans une large mesure

Няма нужда да се премахва това, развитието на промишлеността до голяма степен вече го е унищожило

et le développement de l'industrie continue de la détruire chaque jour

и развитието на индустрията все още я унищожава ежедневно

Ou voulez-vous parler de la propriété privée de la bourgeoisie moderne ?

Или имате предвид съвременната буржоазия частна собственост?

Mais le travail salarié crée-t-il une propriété pour l'ouvrier ?

Но създава ли наемният труд някаква собственост на работника?

Non, le travail salarié ne crée pas une parcelle de ce genre de propriété !

Не, наемният труд не създава нито една частица от този вид собственост!

Ce que le travail salarié crée, c'est du capital ; ce genre de propriété qui exploite le travail salarié

това, което наемният труд създава, е капиталът; този вид собственост, която експлоатира наемния труд

Le capital ne peut s'accroître qu'à la condition d'engendrer une nouvelle offre de travail salarié pour une nouvelle exploitation

капиталът не може да се увеличава освен при условие, че се поражда ново предлагане на наемен труд за нова експлоатация

La propriété, dans sa forme actuelle, est fondée sur l'antagonisme du capital et du salariat

Собствеността в сегашния си вид се основава на антагонизма на капитала и наемния труд

Examinons les deux côtés de cet antagonisme

Нека разгледаме и двете страни на този антагонизъм

Être capitaliste, ce n'est pas seulement avoir un statut purement personnel

Да бъдеш капиталист означава да имаш не само чисто личен статут

Au contraire, être capitaliste, c'est aussi avoir un statut social dans la production

Вместо това да бъдеш капиталист означава да имаш и социален статус в производството

parce que le capital est un produit collectif ; Ce n'est que par l'action unie de nombreux membres qu'elle peut être mise en branle

защото капиталът е колективен продукт; Само чрез обединените действия на много членове на ЕП тя може да бъде задвижена

Mais cette action unie n'est qu'un dernier recours, et nécessite en fait tous les membres de la société

Но това обединено действие е крайна мярка и всъщност изисква всички членове на обществото

Le capital est converti en propriété de tous les membres de la société

Капиталът се превръща в собственост на всички членове на обществото

mais le Capital n'est donc pas une puissance personnelle ; c'est un pouvoir social

но следователно капиталът не е лична сила; тя е социална сила

Ainsi, lorsque le capital est converti en propriété sociale, la propriété personnelle n'est pas pour autant transformée en propriété sociale

Така че, когато капиталът се превръща в обществена собственост, личната собственост не се превръща в обществена собственост

Ce n'est que le caractère social de la propriété qui est modifié et qui perd son caractère de classe

Само социалният характер на собствеността се променя и губи своя класов характер

Regardons maintenant le travail salarié

Нека сега разгледаме наемния труд

Le prix moyen du salariat est le salaire minimum, c'est-à-dire le quantum des moyens de subsistance

Средната цена на наемния труд е минималната работна заплата, т.е. тази сума на средствата за издръжка

Ce salaire est absolument nécessaire dans la simple existence d'un ouvrier

тази заплата е абсолютно необходима за голото съществуване на работника

Ce que le salarié s'approprie par son travail ne suffit donc qu'à prolonger et à reproduire une existence nue

Следователно това, което наемният работник присвоява чрез своя труд, е достатъчно само за удължаване и възпроизвеждане на голото съществуване

Nous n'avons nullement l'intention d'abolir cette appropriation personnelle des produits du travail

Ние в никакъв случай не възнамеряваме да премахнем това лично присвояване на продуктите на труда

une appropriation qui est faite pour le maintien et la reproduction de la vie humaine

бюджетни кредити, които се отпускат за поддържане и възпроизводство на човешкия живот

Une telle appropriation personnelle des produits du travail ne laisse pas de surplus pour commander le travail d'autrui

Такова лично присвояване на продуктите на труда не оставя излишък, с който да се командва трудът на другите

Tout ce que nous voulons supprimer, c'est le caractère misérable de cette appropriation

Всичко, което искаме да премахнем, е мизерният характер на това присвояване

l'appropriation dont vit l'ouvrier dans le seul but d'augmenter son capital

присвояването, с което работникът живее само за да увеличи капитала

Il n'est autorisé à vivre que dans la mesure où l'intérêt de la classe dominante l'exige

Позволено му е да живее само дотолкова, доколкото интересите на управляващата класа го изискват

Dans la société bourgeoise, le travail vivant n'est qu'un moyen d'augmenter le travail accumulé

В буржоазното общество живият труд е само средство за увеличаване на натрупания труд

Dans la société communiste, le travail accumulé n'est qu'un moyen d'élargir, d'enrichir, de promouvoir l'existence de l'ouvrier

В комунистическото общество натрупаният труд е само средство за разширяване, обогатяване, подпомагане на съществуването на работника

C'est pourquoi, dans la société bourgeoise, le passé domine le présent

Следователно в буржоазното общество миналото доминира над настоящето

dans la société communiste, le présent domine le passé

в комунистическото общество настоящето доминира над миналото

Dans la société bourgeoise, le capital est indépendant et a une individualité

В буржоазното общество капиталът е независим и има индивидуалност

Dans la société bourgeoise, la personne vivante est dépendante et n'a pas d'individualité

В буржоазното общество живият човек е зависим и няма индивидуалност

Et l'abolition de cet état de choses est appelée par la bourgeoisie l'abolition de l'individualité et de la liberté !

И премахването на това състояние на нещата се нарича от буржоазията – премахване на индивидуалността и свободата!

Et c'est à juste titre qu'on l'appelle l'abolition de l'individualité et de la liberté !

И с право се нарича премахване на индивидуалността и свободата!

Le communisme vise à l'abolition de l'individualité bourgeoise

Комунизмът се стреми към премахване на индивидуалността на буржоазията

Le communisme veut l'abolition de l'indépendance de la bourgeoisie

Комунизмът възнамерява да премахне независимостта на буржоазията

La liberté de la bourgeoisie est sans aucun doute ce que vise le communisme

Свободата на буржоазията несъмнено е това, към което се стреми комунизмът

dans les conditions actuelles de production de la bourgeoisie, la liberté signifie le libre-échange, la liberté de vendre et d'acheter

при сегашните буржоазни условия на производство свободата означава свободна търговия, свободна продажба и покупка

Mais si la vente et l'achat disparaissent, la vente et l'achat gratuits disparaissent également

Но ако продажбата и покупката изчезнат, свободните продажби и покупки също изчезват

Les « paroles courageuses » de la bourgeoisie sur la vente et l'achat libres n'ont qu'un sens limité

"смелите думи" на буржоазията за свободна продажба и покупка имат само ограничен смисъл

Ces mots n'ont de sens que par opposition à la vente et à l'achat restreints

Тези думи имат значение само в контраст с ограничената продажба и покупка

et ces mots n'ont de sens que lorsqu'ils s'appliquent aux marchands enchaînés du moyen âge

и тези думи имат значение само когато се прилагат към окованите търговци от Средновековието

et cela suppose que ces mots aient même un sens dans un sens bourgeois

и това предполага, че тези думи дори имат значение в буржоазен смисъл

mais ces mots n'ont aucun sens lorsqu'ils sont utilisés pour s'opposer à l'abolition communiste de l'achat et de la vente

но тези думи нямат никакво значение, когато се използват за противопоставяне на комунистическото премахване на покупко-продажбата

les mots n'ont pas de sens lorsqu'ils sont utilisés pour
s'opposer à l'abolition des conditions de production de la
bourgeoisie

думите нямат никакво значение, когато се използват за
противопоставяне на буржоазните условия на
производство

et ils n'ont aucun sens lorsqu'ils sont utilisés pour s'opposer
à l'abolition de la bourgeoisie elle-même

и те нямат никакъв смисъл, когато се използват, за да се
противопоставят на премахването на самата буржоазия

Vous êtes horrifiés par notre intention d'en finir avec la
propriété privée

Ужасени сте от намерението ни да премахнем частната
собственост

Mais dans votre société actuelle, la propriété privée est déjà
abolie pour les neuf dixièmes de la population

Но във вашето съществуващо общество частната
собственост вече е премахната за девет десети от
населението

L'existence d'une propriété privée pour quelques-uns est
uniquement due à sa non-existence entre les mains des neuf
dixièmes de la population

Съществуването на частна собственост за малцина се
дължи единствено на несъществуването й в ръцете на
девет десети от населението

Vous nous reprochez donc d'avoir l'intention de supprimer
une forme de propriété

Затова ни упреквате, че възнамерявате да премахнем
някаква форма на собственост

Mais la propriété privée nécessite l'inexistence de toute
propriété pour l'immense majorité de la société

но частната собственост изисква несъществуването на
каквато и да е собственост за огромното мнозинство от
обществото

En un mot, vous nous reprochez d'avoir l'intention de vous
débarrasser de vos biens

С една дума, вие ни упреквате, че възнамерявате да
премахнем имуществото ви

**Et c'est précisément le cas ; se débarrasser de votre propriété
est exactement ce que nous avons l'intention de faire**

И точно така; премахването на вашето имущество е точно
това, което възнамеряваме

**À partir du moment où le travail ne peut plus être converti
en capital, en argent ou en rente**

От момента, в който трудът вече не може да бъде
превърнат в капитал, пари или рента

**quand le travail ne peut plus être converti en un pouvoir
social monopolisé**

когато трудът вече не може да бъде превърнат в
обществена сила, която може да бъде монополизирана

**à partir du moment où la propriété individuelle ne peut plus
être transformée en propriété bourgeoise**

от момента, в който индивидуалната собственост вече не
може да бъде преобразувана в буржоазна собственост

**à partir du moment où la propriété individuelle ne peut plus
être transformée en capital**

от момента, в който индивидуалната собственост вече не
може да бъде превърната в капитал

**À partir de ce moment-là, vous dites que l'individualité
s'évanouit**

От този момент казвате, че индивидуалността изчезва

**Vous devez donc avouer que par « individu » vous
n'entendez personne d'autre que la bourgeoisie**

Затова трябва да признаете, че под "индивид" не
разбирате нищо друго, освен буржоазията

**Vous devez avouer qu'il s'agit spécifiquement du
propriétaire de la classe moyenne**

Трябва да признаете, че това се отнася конкретно за
собственика на собственост от средната класа

**Cette personne doit, en effet, être balayée et rendue
impossible**

Този човек наистина трябва да бъде пометен от пътя и да стане невъзможен

Le communisme ne prive personne du pouvoir de s'approprier les produits de la société

Комунизмът не лишава никого от властта да присвоява продуктите на обществото

tout ce que fait le communisme, c'est de le priver du pouvoir de subjuguer le travail d'autrui au moyen d'une telle appropriation

всичко, което комунизмът прави, е да го лиши от властта да подчини труда на другите чрез такова присвояване

On a objecté qu'avec l'abolition de la propriété privée, tout travail cesserait

Възразява се, че след премахването на частната собственост всяка работа ще спре

et il est alors suggéré que la paresse universelle nous rattrapera

и тогава се предполага, че всеобщият мързел ще ни застигне

D'après cela, il y a longtemps que la société bourgeoise aurait dû aller aux chiens par pure oisiveté

Според това буржоазното общество отдавна е трябвало да отиде при кучетата чрез чисто безделие

parce que ceux de ses membres qui travaillent, n'acquièrent rien

защото онези от нейните членове, които работят, не придобиват нищо

et ceux de ses membres qui acquièrent quoi que ce soit, ne travaillent pas

а онези от нейните членове, които придобиват нещо, не работят

L'ensemble de cette objection n'est qu'une autre expression de la tautologie

Цялото това възражение е само още един израз на тавтологията

Il ne peut plus y avoir de travail salarié quand il n'y a plus
de capital

не може вече да има наемен труд, когато вече няма
капитал

Il n'y a pas de différence entre les produits matériels et les
produits mentaux

Няма разлика между материални продукти и умствени
продукти

Le communisme propose que les deux soient produits de la
même manière

комунизмът предлага и двете да се произвеждат по един и
същи начин

mais les objections contre les modes communistes de
production sont les mêmes

но възраженията срещу комунистическите начини на
тяхното производство са едни и същи

pour la bourgeoisie, la disparition de la propriété de classe
est la disparition de la production elle-même

за буржоазията изчезването на класовата собственост е
изчезване на самото производство

Ainsi, la disparition de la culture de classe est pour lui
identique à la disparition de toute culture

така че изчезването на класовата култура за него е
идентично с изчезването на цялата култура

Cette culture, dont il déplore la perte, n'est pour l'immense
majorité qu'un simple entraînement à agir comme une
machine

Тази култура, за загубата на която той се оплаква, за
огромното мнозинство е просто обучение да действа като
машина

Les communistes ont bien l'intention d'abolir la culture de
la propriété bourgeoise

Комунистите силно възнамеряват да премахнат културата
на буржоазната собственост

Mais ne vous querellez pas avec nous tant que vous
appliquez les normes de vos notions bourgeoises de liberté,
de culture, de droit, etc

Но не спорете с нас, докато прилагате стандарта на вашите
буржоазни представи за свобода, култура, право и т.н

Vos idées mêmes ne sont que le résultat des conditions de
votre production bourgeoise et de la propriété bourgeoise

Самите Ваши идеи са само резултат от условията на
Вашето буржоазно производство и буржоазна собственост

de même que votre jurisprudence n'est que la volonté de
votre classe érigée en loi pour tous

точно както вашата юриспруденция е само волята на
вашата класа, превърната в закон за всички

Le caractère essentiel et l'orientation de cette volonté sont
déterminés par les conditions économiques créées par votre
classe sociale

Същността и посоката на тази воля се определят от
икономическите условия, които вашата социална класа
създава

L'idée fausse égoïste qui vous pousse à transformer les
formes sociales en lois éternelles de la nature et de la raison

Егоистичното погрешно схващане, което ви подтиква да
превръщате социалните форми във вечни закони на
природата и разума

les formes sociales qui découlent de votre mode de
production et de votre forme de propriété actuels

социалните форми, произтичащи от сегашния ви начин
на производство и форма на собственост

des rapports historiques qui naissent et disparaissent dans le
progrès de la production

исторически отношения, които се издигат и изчезват в
хода на производството

cette idée fausse que vous partagez avec toutes les classes
dirigeantes qui vous ont précédés

Това погрешно схващане споделяте с всяка управляваща
класа, която ви е предшествала

Ce que vous voyez clairement dans le cas de la propriété ancienne, ce que vous admettez dans le cas de la propriété féodale

Какво виждате ясно в случая с древната собственост, какво допускате в случая с феодалната собственост

ces choses, il vous est bien entendu interdit de les admettre dans le cas de votre propre forme de propriété bourgeoise

тези неща, разбира се, ви е забранено да допускате в случая на вашата собствена буржоазна форма на собственост

Abolition de la famille ! Même les plus radicaux s'enflamment devant cette infâme proposition des communistes

Премахване на семейството! Дори и най-радикалните пламват от това позорно предложение на комунистите

Sur quelle base se fonde la famille actuelle, la famille bourgeoise ?

На каква основа се основава сегашното семейство, буржоазното семейство?

La fondation de la famille actuelle est basée sur le capital et le gain privé

Основаването на настоящото семейство се основава на капитал и частна печалба

Sous sa forme complètement développée, cette famille n'existe que dans la bourgeoisie

В своята напълно развита форма това семейство съществува само сред буржоазията

Cet état de choses trouve son complément dans l'absence pratique de la famille chez les prolétaires

Това състояние на нещата намира своето допълнение в практическото отсъствие на семейството сред пролетариите

Cet état de choses se retrouve dans la prostitution publique

Това състояние на нещата може да се намери в обществената проституция

La famille bourgeoise disparaîtra d'office quand son effectif disparaîtra

Буржоазното семейство ще изчезне като нещо естествено, когато неговото допълнение изчезне

et l'une et l'autre s'évanouiront avec la disparition du capital

и двете ще изчезнат с изчезването на капитала

Nous accusez-vous de vouloir mettre fin à l'exploitation des enfants par leurs parents ?

Обвинявате ли ни, че искаме да спрем експлоатацията на деца от техните родители?

Nous plaidons coupables de ce crime

За това престъпление ние се признаваме за виновни

Mais, direz-vous, on détruit les relations les plus sacrées, quand on remplace l'éducation à domicile par l'éducation sociale

Но, ще кажете, ние разрушаваме най-свещените отношения, когато заменяме домашното възпитание със социално възпитание

Votre éducation n'est-elle pas aussi sociale ? Et n'est-elle pas déterminée par les conditions sociales dans lesquelles vous éduquez ?

Вашето образование не е ли и социално? И не се ли определя от социалните условия, при които възпитавате?

par l'intervention, directe ou indirecte, de la société, par le biais de l'école, etc.

чрез пряка или косвена намеса на обществото, чрез училищата и т.н.

Les communistes n'ont pas inventé l'intervention de la société dans l'éducation

Комунистите не са измислили намесата на обществото в образованието

ils ne cherchent qu'à modifier le caractère de cette intervention

те само се стремят да променят характера на тази намеса

et ils cherchent à sauver l'éducation de l'influence de la classe dirigeante

и се стремят да спасят образованието от влиянието на управляващата класа

La bourgeoisie parle de la relation sacrée du parent et de l'enfant

Буржоазията говори за свещеното съотношение между родител и дете

mais ce baratin sur la famille et l'éducation devient d'autant plus répugnant quand on regarde l'industrie moderne

но този капан за семейството и образованието става още по-отвратителен, когато погледнем модерната индустрия

Tous les liens familiaux entre les prolétaires sont déchirés par l'industrie moderne

Всички семейни връзки между пролетариите са разкъсани от съвременната индустрия

Leurs enfants sont transformés en simples objets de commerce et en instruments de travail

децата им се превръщат в прости предмети на търговията и инструменти на труда

Mais vous, communistes, vous créeriez une communauté de femmes, crie en chœur toute la bourgeoisie

Но вие, комунистите, бихте създали общност от жени, крещи цялата буржоазия в хор

La bourgeoisie ne voit en sa femme qu'un instrument de production

Буржоазията вижда в жена си просто инструмент за производство

Il entend dire que les instruments de production doivent être exploités par tous

Той чува, че инструментите за производство трябва да бъдат експлоатирани от всички

et, naturellement, il ne peut arriver à aucune autre conclusion que celle d'être commun à tous retombera également sur les femmes

и, естествено, той не може да стигне до друго заключение, освен че съдбата да бъде обща за всички също ще се падне на жените

Il ne soupçonne même pas qu'il s'agit en fait d'en finir avec
le statut de la femme en tant que simple instrument de
production

Той дори не подозира, че истинският смисъл е да се
премахне статутът на жените като обикновени
инструменти за производство

Du reste, rien n'est plus ridicule que l'indignation vertueuse
de notre bourgeoisie contre la communauté des femmes

За останалото нищо не е по-смешно от добродетелното
възмущение на нашата буржоазия срещу общността на
жените

ils prétendent qu'elle doit être établie ouvertement et
officiellement par les communistes

те се преструват, че тя трябва да бъде открито и
официално установена от комунистите

Les communistes n'ont pas besoin d'introduire la
communauté des femmes, elle existe depuis des temps
immémoriaux

Комунистите нямат нужда да въвеждат общност на
жените, тя съществува почти от незапомнени времена

Notre bourgeoisie ne se contente pas d'avoir à sa disposition
les femmes et les filles de ses prolétaires

Нашата буржоазия не се задоволява с това, че има на
разположение жените и дъщерите на своите пролетарии

Ils prennent le plus grand plaisir à séduire les femmes de
l'autre

те изпитват най-голямо удоволствие да съблазняват
жените си

Et cela ne parle même pas des prostituées ordinaires

и това дори не става дума за обикновените проститутки

Le mariage bourgeois est en réalité un système d'épouses en
commun

Буржоазният брак в действителност е система от общи
съпруги

puis il y a une chose qu'on pourrait peut-être reprocher aux
communistes

тогава има едно нещо, в което комунистите биха могли да бъдат упрекнати

Ils souhaitent introduire une communauté de femmes ouvertement légalisée

Те желаят да въведат открито легализирана общност от жени

plutôt qu'une communauté de femmes hypocritement dissimulée

а не лицемерно прикрита общност от жени

la communauté des femmes issues du système de production

общността на жените, произтичаща от системата на производство

Abolissez le système de production, et vous abolissez la communauté des femmes

Премахване на производствената система и премахване на общността на жените

La prostitution publique est abolie et la prostitution privée

Премахва се както публичната проституция, така и частната проституция

On reproche en outre aux communistes de vouloir abolir les pays et les nationalités

Комунистите са още по-упреквани, че искат да премахнат държави и националности

Les travailleurs n'ont pas de patrie, nous ne pouvons donc pas leur prendre ce qu'ils n'ont pas

Работниците нямат държава, затова не можем да им вземем това, което те нямат

Le prolétariat doit d'abord acquérir la suprématie politique

пролетариатът трябва преди всичко да придобие политическо надмощие

Le prolétariat doit s'élever pour être la classe dirigeante de la nation

пролетариатът трябва да се издигне до водеща класа на нацията

Le prolétariat doit se constituer en nation

пролетариатът трябва да конституира себе си като нация

elle est, jusqu'à présent, elle-même nationale, mais pas dans le sens bourgeois du mot

засега тя сама по себе си е национална, макар и не в буржоазния смисъл на думата

Les différences nationales et les antagonismes entre les peuples s'estompent chaque jour davantage

Националните различия и антагонизми между народите с всеки изминал ден изчезват все повече и повече

grâce au développement de la bourgeoisie, à la liberté du commerce, au marché mondial

благодарение на развитието на буржоазията, на свободата на търговията, на световния пазар

à l'uniformité du mode de production et des conditions de vie qui y correspondent

еднаквост на начина на производство и на съответните му условия на живот

La suprématie du prolétariat les fera disparaître encore plus vite

Върховенството на пролетариата ще ги накара да изчезнат още по-бързо

L'action unie, du moins dans les principaux pays civilisés, est une des premières conditions de l'émancipation du prolétariat

Обединените действия, поне на водещите цивилизовани страни, са едно от първите условия за освобождението на пролетариата

Dans la mesure où l'exploitation d'un individu par un autre prendra fin, l'exploitation d'une nation par une autre prendra également fin à

Доколкото се прекратява експлоатацията на един индивид от друг, ще бъде прекратена и експлоатацията на една нация от друга.

À mesure que l'antagonisme entre les classes à l'intérieur de la nation disparaîtra, l'hostilité d'une nation envers une autre prendra fin

В степента, в която антагонизмът между класите в нацията изчезне, враждебността на една нация към друга ще приключи

Les accusations portées contre le communisme d'un point de vue religieux, philosophique et, en général, idéologique, ne méritent pas d'être examinées sérieusement

Обвиненията срещу комунизма, отправени от религиозна, философска и изобщо идеологическа гледна точка, не заслужават сериозно изследване

Faut-il une intuition profonde pour comprendre que les idées, les vues et les conceptions de l'homme changent à chaque changement dans les conditions de son existence matérielle ?

Изисква ли се дълбока интуиция, за да се разбере, че идеите, възгледите и концепциите на човека се променят с всяка промяна в условията на неговото материално съществуване?

N'est-il pas évident que la conscience de l'homme change lorsque ses relations sociales et sa vie sociale changent ?

Не е ли очевидно, че съзнанието на човека се променя, когато се променят неговите обществени отношения и неговият обществен живот?

Qu'est-ce que l'histoire des idées prouve d'autre, sinon que la production intellectuelle change de caractère à mesure que la production matérielle se modifie ?

Какво друго доказва историята на идеите, освен че интелектуалното производство променя своя характер пропорционално на промяната на материалното производство?

Les idées dominantes de chaque époque ont toujours été les idées de sa classe dirigeante

Управляващите идеи на всяка епоха винаги са били идеите на нейната управляваща класа

Quand on parle d'idées qui révolutionnent la société, on n'exprime qu'un seul fait

Когато хората говорят за идеи, които революционизират обществото, те изразяват само един факт

Au sein de l'ancienne société, les éléments d'une nouvelle société ont été créés

В старото общество са създадени елементите на ново общество

et que la dissolution des vieilles idées va de pair avec la dissolution des anciennes conditions d'existence

и че разпадането на старите идеи върви в крак с разпадането на старите условия на съществуване

Lorsque le monde antique était dans ses dernières affresses, les anciennes religions ont été vaincues par le christianisme

Когато древният свят е в последните си агонии, древните религии са победени от християнството

Lorsque les idées chrétiennes ont succombé au XVIIIe siècle aux idées rationalistes, la société féodale a mené une bataille à mort contre la bourgeoisie alors révolutionnaire

Когато християнските идеи се поддават през 18 век на рационалистическите идеи, феодалното общество води смъртната си битка с тогавашната революционна буржоазия

Les idées de liberté religieuse et de liberté de conscience n'ont fait qu'exprimer l'emprise de la libre concurrence dans le domaine de la connaissance

Идеите за религиозна свобода и свобода на съвестта просто дадоха израз на влиянието на свободната конкуренция в областта на знанието

« Sans doute, dira-t-on, les idées religieuses, morales, philosophiques et juridiques ont été modifiées au cours du développement historique »

"Несъмнено", ще се каже, "религиозните, моралните, философските и юридическите идеи са били видоизменени в хода на историческото развитие"

Mais la religion, la morale, la philosophie, la science politique et le droit ont constamment survécu à ce changement.

"Но религията, моралната философия, политологията и правото постоянно оцеляват в тази промяна."

« Il y a aussi des vérités éternelles, telles que la Liberté, la Justice, etc. »

"Има и вечни истини, като Свобода, Справедливост и т.н."

« Ces vérités éternelles sont communes à tous les états de la société »

"Тези вечни истини са общи за всички състояния на обществото"

« Mais le communisme abolit les vérités éternelles, il abolit toute religion et toute morale »

"Но комунизмът премахва вечните истини, той премахва всяка религия и всеки морал"

« il fait cela au lieu de les constituer sur une nouvelle base »

"Прави това, вместо да ги конституира на нова основа"

« Elle agit donc en contradiction avec toute l'expérience historique passée »

"следователно той действа в противоречие с целия минал исторически опит"

À quoi se réduit cette accusation ?

До какво се́ свежда това обвинение?

L'histoire de toute la société passée a consisté dans le développement d'antagonismes de classe

Историята на цялото минало общество се е състояла в развитието на класови противоположности

antagonismes qui ont pris des formes différentes selon les époques

антагонизми, които са приемали различни форми в различни епохи

Mais quelle que soit la forme qu'ils aient prise, un fait est commun à tous les âges passés

Но каквато и форма да са приели, един факт е общ за всички минали епохи

l'exploitation d'une partie de la société par l'autre

експлоатацията на една част от обществото от друга

Il n'est donc pas étonnant que la conscience sociale des âges passés se meuve à l'intérieur de certaines formes communes ou d'idées générales

Затова не е чудно, че общественото съзнание на миналите епохи се движи в определени общи форми или общи идеи

(et ce, malgré toute la multiplicité et la variété qu'il affiche)

(и това е въпреки цялото разнообразие и разнообразие, които показва)

et ceux-ci ne peuvent disparaître complètement qu'avec la disparition totale des antagonismes de classe

и те не могат напълно да изчезнат, освен с пълното изчезване на класовите противоречия

La révolution communiste est la rupture la plus radicale avec les rapports de propriété traditionnels

Комунистическата революция е най-радикалното разминаване на традиционните отношения на собственост

Il n'est donc pas étonnant que son développement implique la rupture la plus radicale avec les idées traditionnelles

Нищо чудно, че развитието му включва най-радикалното скъсване с традиционните идеи

Mais finissons-en avec les objections de la bourgeoisie contre le communisme

Но нека приключим с буржоазните възражения срещу комунизма

Nous avons vu plus haut le premier pas de la révolution de la classe ouvrière

По-горе видяхме първата стъпка в революцията на работническата класа

Le prolétariat doit être élevé à la position de dirigeant, pour gagner la bataille de la démocratie

пролетариатът трябва да бъде издигнат до позицията на управляващ, за да спечели битката за демокрация

Le prolétariat usera de sa suprématie politique pour arracher peu à peu tout le capital à la bourgeoisie

Пролетариатът ще използва своето политическо превъзходство, за да изтръгне постепенно целия капитал от буржоазията

elle centralisera tous les instruments de production entre les mains de l'État

тя ще централизира всички инструменти за производство в ръцете на държавата

En d'autres termes, le prolétariat s'est organisé en classe dominante

С други думи, пролетариатът се организира като господстваща класа

et elle augmentera le plus rapidement possible le total des forces productives

и ще увеличи общата производителност на силите възможно най-бързо

Bien sûr, au début, cela ne peut se faire qu'au moyen d'incursions despotiques dans les droits de propriété

Разбира се, в началото това не може да се осъществи освен чрез деспотично посегателство върху правата на собственост

et elle doit être réalisée dans les conditions de la production bourgeoise

и това трябва да бъде постигнато в условията на буржоазното производство

Elle est donc réalisée au moyen de mesures qui semblent économiquement insuffisantes et intenables

следователно то се постига чрез мерки, които изглеждат икономически недостатъчни и несъстоятелни

mais ces moyens, dans le cours du mouvement, se dépassent d'eux-mêmes

но тези средства в хода на движението изпреварват самите себе си

elles nécessitent de nouvelles incursions dans l'ancien ordre social

те налагат по-нататъшно навлизане в стария социален ред

et ils sont inévitables comme moyen de révolutionner entièrement le mode de production

и те са неизбежни като средство за пълно революционизиране на начина на производство

Ces mesures seront bien sûr différentes selon les pays

Тези мерки, разбира се, ще бъдат различни в различните държави

Néanmoins, dans les pays les plus avancés, ce qui suit sera assez généralement applicable

Въпреки това в най-напредналите страни следното ще бъде доста общо приложимо

1. L'abolition de la propriété foncière et l'affectation de toutes les rentes foncières à des fins publiques.

1. Премахване на собствеността върху земята и прилагане на всички ренти върху земята за обществени нужди.

2. Un impôt sur le revenu progressif ou progressif lourd.

2. Тежък прогресивен или градуиран данък върху доходите.

3. Abolition de tout droit d'héritage.

3. Премахване на всяко право на наследство.

4. Confiscation des biens de tous les émigrés et rebelles.

4. Конфискация на имуществото на всички емигранти и бунтовници.

5. Centralisation du crédit entre les mains de l'État, au moyen d'une banque nationale à capital d'État et monopole exclusif.

5. Централизиране на кредита в ръцете на държавата чрез национална банка с държавен капитал и изключителен монопол.

6. Centralisation des moyens de communication et de transport entre les mains de l'État.

6. Централизиране на средствата за комуникация и транспорт в ръцете на държавата.

7. Extension des usines et des instruments de production appartenant à l'État

7. Разширяване на фабриките и инструментите за производство, собственост на държавата

la mise en culture des terres incultes, et l'amélioration du sol en général d'après un plan commun.

въвеждането в експлоатация на пустеещи земи и подобряването на почвата като цяло в съответствие с общ план.

8. Responsabilité égale de tous vis-à-vis du travail

8. Еднаква отговорност на всички към труда

Mise en place d'armées industrielles, notamment pour l'agriculture.

Създаване на индустриални армии, особено за селското стопанство.

9. Combinaison de l'agriculture et des industries manufacturières

9. Съчетаване на селското стопанство с производствената промишленост

l'abolition progressive de la distinction entre la ville et la campagne, par une répartition plus égale de la population sur le territoire.

постепенно премахване на разграничението между град и село чрез по-равномерно разпределение на населението в страната.

10. Gratuité de l'éducation pour tous les enfants dans les écoles publiques.

10. Безплатно образование за всички деца в държавните училища.

Abolition du travail des enfants dans les usines sous sa forme actuelle

Премахване на детския фабричен труд в сегашния му вид

Combinaison de l'éducation et de la production industrielle

Комбинация от образование с промишлено производство

Quand, au cours du développement, les distinctions de classe ont disparu

Когато в хода на развитието си класовите различия са изчезнали

et quand toute la production aura été concentrée entre les mains d'une vaste association de toute la nation

и когато цялото производство е съсредоточено в ръцете на огромно обединение на цялата нация

alors la puissance publique perdra son caractère politique

тогава публичната власт ще загуби политическия си характер

Le pouvoir politique, proprement dit, n'est que le pouvoir organisé d'une classe pour en opprimer une autre

Политическата власт, както се нарича така, е просто организираната сила на една класа за потискане на друга

Si le prolétariat, dans sa lutte contre la bourgeoisie, est contraint, par la force des choses, de s'organiser en classe

Ако пролетариатът по време на своята борба с буржоазията е принуден по силата на обстоятелствата да се организира като класа

si, par une révolution, elle se fait la classe dominante

ако чрез революция тя се превърне в господстваща класа

et, en tant que telle, elle balaie par la force les anciennes conditions de production

и като такъв, той помита със сила старите условия на производство

alors, avec ces conditions, elle aura balayé les conditions d'existence des antagonismes de classes et des classes en général

тогава заедно с тези условия тя ще помете условията за съществуване на класови противоречия и на класите изобщо

et aura ainsi aboli sa propre suprématie en tant que classe.

и по този начин ще премахне собственото си превъзходство като класа.

A la place de l'ancienne société bourgeoise, avec ses classes et ses antagonismes de classes, nous aurons une association

На мястото на старото буржоазно общество с неговите класи и класови противоположности ще имаме асоциация

une association dans laquelle le libre développement de chacun est la condition du libre développement de tous
сдружение, в което свободното развитие на всеки е условие за свободното развитие на всички

1) Le socialisme réactionnaire
1) Реакционен социализъм

a) Le socialisme féodal
a) Феодален социализъм

les aristocraties de France et d'Angleterre avaient une position historique unique
аристокрациите на Франция и Англия имат уникално историческо положение
c'est devenu leur vocation d'écrire des pamphlets contre la société bourgeoise moderne
тяхно призвание стана да пишат памфлети срещу съвременното буржоазно общество
Dans la révolution française de juillet 1830 et dans l'agitation réformiste anglaise
Във Френската революция от юли 1830 г. и в английската реформаторска агитация
Ces aristocraties succombèrent de nouveau à l'odieux parvenu
Тези аристокрации отново се поддадоха на новобранец
Dès lors, il n'était plus question d'une lutte politique sérieuse
Оттук нататък за сериозно политическо състезание не можеше да става и дума
Tout ce qui restait possible, c'était une bataille littéraire, pas une véritable bataille
Всичко, което остава възможно, е литературна битка, а не истинска битка
Mais même dans le domaine de la littérature, les vieux cris de la période de la restauration étaient devenus impossibles
Но дори и в областта на литературата старите викове от реставрационния период са станали невъзможни
Pour s'attirer la sympathie, l'aristocratie était obligée de perdre de vue, semble-t-il, ses propres intérêts

За да предизвика симпатии, аристокрацията беше принудена да изпусне от поглед, очевидно, собствените си интереси

et ils ont été obligés de formuler leur réquisitoire contre la bourgeoisie dans l'intérêt de la classe ouvrière exploitée

и те бяха принудени да формулират своя обвинителен акт срещу буржоазията в интерес на експлоатираната работническа класа

C'est ainsi que l'aristocratie prit sa revanche en chantant des pamphlets sur son nouveau maître

Така аристокрацията си отмъщава, като пее патрубки на новия си господар

et ils prirent leur revanche en lui murmurant à l'oreille de sinistres prophéties de catastrophe à venir

и те си отмъщаваха, като шепнеха в ушите му зловещи пророчества за предстояща катастрофа

C'est ainsi qu'est né le socialisme féodal : moitié lamentation, moitié moquerie

Така възникна феодалният социализъм: наполовина плач, наполовина пасмия

Il sonnait comme un demi-écho du passé, et projetait une demi-menace de l'avenir

Тя звъни като полуехо от миналото и проектираше наполовина заплаха от бъдещето

parfois, par sa critique acerbe, spirituelle et incisive, il frappait la bourgeoisie au plus profond de lui-même

понякога, със своята горчива, остроумна и проницателна критика, тя поразява буржоазията до сърцевината

mais elle a toujours été ridicule dans son effet, par l'incapacité totale de comprendre la marche de l'histoire moderne

но тя винаги е била абсурдна в ефекта си, поради пълна неспособност да се разбере хода на съвременната история

L'aristocratie, pour rallier le peuple à elle, agitait le sac d'aumône prolétarien en guise de bannière

Аристокрацията, за да сплоти народа към себе си, размаха пролетарската торба с милостиня отпред за знаме

Mais le peuple, toutes les fois qu'il se joignait à lui, voyait sur son arrière-train les anciennes armoiries féodales

Но народът, толкова често, колкото се присъединяваше към тях, виждаше на задните си части старите феодални гербове

et ils désertèrent avec des rires bruyants et irrévérencieux

и те напуснаха със силен и непочтителен смях

Une partie des légitimistes français et de la « Jeune Angleterre » offrit ce spectacle

Една част от френските легитимисти и "Млада Англия" показаха този спектакъл

les féodaux ont fait remarquer que leur mode d'exploitation était différent de celui de la bourgeoisie

феодалистите посочват, че техният начин на експлоатация е различен от този на буржоазията

Les féodaux oublient qu'ils ont exploité dans des circonstances et des conditions tout à fait différentes

феодалистите забравят, че са експлоатирали при съвсем различни обстоятелства и условия.

Et ils n'ont pas remarqué que de telles méthodes d'exploitation sont maintenant désuètes

и те не забелязаха, че такива методи на експлоатация вече са остарели

Ils ont montré que, sous leur domination, le prolétariat moderne n'a jamais existé

те показаха, че при тяхно управление съвременният пролетариат никога не е съществувал

mais ils oublient que la bourgeoisie moderne est le produit nécessaire de leur propre forme de société

но те забравят, че съвременната буржоазия е необходимото потомство на тяхната собствена форма на общество

Pour le reste, ils dissimulent à peine le caractère réactionnaire de leur critique

В останалото те едва ли прикриват реакционния характер на своята критика

Leur principale accusation contre la bourgeoisie se résume à ceci

главното им обвинение срещу буржоазията се свежда до следното

sous le régime bourgeois, une classe sociale se développe

при буржоазния режим се развива социална класа

Cette classe sociale est destinée à découper de fond en comble l'ancien ordre de la société

Тази социална класа е предопределена да отсече корените и да разклони стария обществен ред

Ce qu'ils reprochent à la bourgeoisie, ce n'est pas tant qu'elle crée un prolétariat

Това, за което те упрекват буржоазията, не е толкова това, че тя създава пролетариат

ce qu'ils reprochent à la bourgeoisie, c'est plutôt de créer un prolétariat révolutionnaire

това, с което те упрекват буржоазията, е нещо повече, че тя създава революционен пролетариат

Dans la pratique politique, ils se joignent donc à toutes les mesures coercitives contre la classe ouvrière

Затова в политическата практика те се присъединяват към всички принудителни мерки срещу работническата класа

Et dans la vie ordinaire, malgré leurs phrases hautaines, ils s'abaissent à ramasser les pommes d'or tombées de l'arbre de l'industrie

И в обикновения живот, въпреки високите си фрази, те се навеждат да вземат златните ябълки, паднали от дървото на индустрията

et ils troquent la vérité, l'amour et l'honneur contre le commerce de la laine, du sucre de betterave et de l'eau-de-vie de pommes de terre

и разменят истината, любовта и честта за търговия с вълна, цвекло, захар и картофени спиртни напитки

De même que le pasteur a toujours marché main dans la main avec le propriétaire foncier, il en a été de même du socialisme clérical et du socialisme féodal

Както свещеникът винаги е вървял ръка за ръка със земевладелеца, така и духовният социализъм с феодалния социализъм

Rien n'est plus facile que de donner à l'ascétisme chrétien une teinte socialiste

Нищо не е по-лесно от това да придадем на християнския аскетизъм социалистически оттенък

Le christianisme n'a-t-il pas déclamé contre la propriété privée, contre le mariage, contre l'État ?

Не е ли християнството декламирало срещу частната собственост, срещу брака, срещу държавата?

Le christianisme n'a-t-il pas prêché à la place de la charité et de la pauvreté ?

Не проповядва ли християнството на мястото на тях милосърдие и бедност?

Le christianisme ne prêche-t-il pas le célibat et la mortification de la chair, de la vie monastique et de l'Église mère ?

Не проповядва ли християнството безбрачие и умъртвяване на плътта, монашеския живот и Майката Църква?

Le socialisme chrétien n'est que l'eau bénite avec laquelle le prêtre consacre les brûlures du cœur de l'aristocrate

Християнският социализъм е само светената вода, с която свещеникът освещава изгарянето на сърцето на аристократа

b) Le socialisme petit-bourgeois
б) Дребнобуржоазен социализъм

L'aristocratie féodale n'est pas la seule classe ruinée par la bourgeoisie
Феодалната аристокрация не е единствената класа, която е разрушена от буржоазията
ce n'était pas la seule classe dont les conditions d'existence languissaient et périssaient dans l'atmosphère de la société bourgeoise moderne
това не беше единствената класа, чиито условия на съществуване тъгуваха и загиваха в атмосферата на съвременното буржоазно общество
Les bourgeois médiévaux et les petits propriétaires paysans ont été les précurseurs de la bourgeoisie moderne
Средновековните граждани и дребните селски собственици са предшественици на съвременната буржоазия
Dans les pays peu développés, tant au point de vue industriel que commercial, ces deux classes végètent encore côte à côte
В онези страни, които са слабо развити в промишлено и търговско отношение, тези две класи все още растат една до друга
et pendant ce temps, la bourgeoisie se lève à côté d'eux : industriellement, commercialement et politiquement
а междувременно буржоазията се надига до тях: индустриално, търговско и политическо
Dans les pays où la civilisation moderne s'est pleinement développée, une nouvelle classe de petite bourgeoisie s'est formée
В страните, където съвременната цивилизация е напълно развита, се формира нова класа на дребната буржоазия
cette nouvelle classe sociale oscille entre le prolétariat et la bourgeoisie

тази нова социална класа се колебае между пролетариата
и буржоазията
et elle se renouvelle sans cesse en tant que partie
supplémentaire de la société bourgeoise
и непрекъснато се обновява като допълваща част от
буржоазното общество
Cependant, les membres individuels de cette classe sont
constamment précipités dans le prolétariat
Отделните членове на тази класа обаче непрекъснато се
хвърлят в пролетариата
ils sont aspirés par le prolétariat par l'action de la
concurrence
те са засмукани от пролетариата чрез действието на
конкуренцията
Au fur et à mesure que l'industrie moderne se développe, ils
voient même approcher le moment où ils disparaîtront
complètement en tant que section indépendante de la société
moderne
С развитието на съвременната индустрия те дори виждат
момента, в който напълно ще изчезнат като независима
част от съвременното общество
ils seront remplacés, dans les manufactures, l'agriculture et
le commerce, par des surveillants, des huissiers et des
boutiquiers
те ще бъдат заменени в манифактурите, селското
стопанство и търговията от надзиратели, съдебни
изпълнители и търговци
Dans des pays comme la France, où les paysans représentent
bien plus de la moitié de la population
В страни като Франция, където селяните съставляват
много повече от половината от населението
il était naturel qu'il y ait des écrivains qui se rangent du côté
du prolétariat contre la bourgeoisie
естествено е, че има писатели, които са на страната на
пролетариата срещу буржоазията

dans leur critique du régime bourgeois, ils utilisaient l'étendard de la bourgeoisie paysanne et de la petite bourgeoisie

в своята критика на буржоазния режим те използваха стандарта на селската и дребнобуржоазията

et, du point de vue de ces classes intermédiaires, ils prennent le relais de la classe ouvrière

и от гледна точка на тези междинни класи те поемат тоягите за работническата класа

C'est ainsi qu'est né le socialisme petit-bourgeois, dont Sismondi était le chef de cette école, non seulement en France, mais aussi en Angleterre

Така възниква дребнобуржоазният социализъм, на който Сисмонди е ръководител на тази школа не само във Франция, но и в Англия

Cette école du socialisme a disséqué avec une grande acuité les contradictions des conditions de la production moderne

Тази социалистическа школа с голяма острота анализира противоречията в условията на съвременното производство

Cette école a mis à nu les excuses hypocrites des économistes

Това училище разкри лицемерните извинения на икономистите

Cette école prouva sans conteste les effets désastreux du machinisme et de la division du travail

Тази школа доказа неоспоримо пагубните последици от машините и разделението на труда

elle prouvait la concentration du capital et de la terre entre quelques mains

това доказва концентрацията на капитал и земя в няколко ръце

elle a prouvé comment la surproduction conduit à des crises bourgeoises

той доказа как свръхпроизводството води до буржоазни кризи

il soulignait la ruine inévitable de la petite bourgeoisie et des paysans

той посочва неизбежната гибел на дребната буржоазия и селяни

la misère du prolétariat, l'anarchie de la production, les inégalités criantes dans la répartition des richesses

мизерията на пролетариата, анархията в производството, крещящите неравенства в разпределението на богатството

Il a montré comment le système de production mène la guerre industrielle d'extermination entre les nations

Тя показа как производствената система води индустриалната война на изтребление между нациите

la dissolution des vieux liens moraux, des vieilles relations familiales, des vieilles nationalités

разпадането на старите морални връзки, на старите семейни отношения, на старите националности

Dans ses objectifs positifs, cependant, cette forme de socialisme aspire à réaliser l'une des deux choses suivantes

В своите положителни цели обаче тази форма на социализъм се стреми да постигне едно от двете неща

soit elle vise à restaurer les anciens moyens de production et d'échange

или има за цел да възстанови старите средства за производство и размяна

et avec les anciens moyens de production, elle rétablirait les anciens rapports de propriété et l'ancienne société

и със старите средства за производство ще възстанови старите отношения на собственост и старото общество

ou bien elle vise à enfermer les moyens modernes de production et d'échange dans l'ancien cadre des rapports de propriété

или има за цел да стесне съвременните средства за производство и размяна в старите рамки на отношенията на собственост

Dans un cas comme dans l'autre, elle est à la fois réactionnaire et utopique

И в двата случая тя е едновременно реакционна и утопична

Ses derniers mots sont : guildes corporatives pour la fabrication, relations patriarcales dans l'agriculture

Последните му думи са: корпоративни гилдии за производство, патриархални отношения в селското стопанство

En fin de compte, lorsque les faits historiques obstinés ont dispersé tous les effets enivrants de l'auto-tromperie

В крайна сметка, когато упоритите исторически факти разпръснаха всички опияняващи ефекти на самозаблудата

cette forme de socialisme se termina par un misérable accès de pitié

тази форма на социализъм завърши с жалък пристъп на съжаление

c) Le socialisme allemand, ou « vrai »
в) немски или "истински" социализъм

La littérature socialiste et communiste de France est née sous la pression d'une bourgeoisie au pouvoir
Социалистическата и комунистическата литература на Франция възниква под натиска на буржоазията на власт
Et cette littérature était l'expression de la lutte contre ce pouvoir
и тази литература беше израз на борбата срещу тази власт
elle a été introduite en Allemagne à une époque où la bourgeoisie venait de commencer sa lutte contre l'absolutisme féodal
тя е въведена в Германия по време, когато буржоазията тъкмо е започнала състезанието си с феодалния абсолютизъм
Les philosophes allemands, les prétendus philosophes et les beaux esprits, s'emparèrent avidement de cette littérature
Немските философи, бъдещи философи и красавици с нетърпение се възползваха от тази литература
mais ils oubliaient que les écrits avaient émigré de France en Allemagne sans apporter avec eux les conditions sociales françaises
но те забравят, че писанията са емигрирали от Франция в Германия, без да донесат френските социални условия
Au contact des conditions sociales allemandes, cette littérature française perd toute sa signification pratique immédiate
В контакт с германските социални условия тази френска литература губи цялото си непосредствено практическо значение
et la littérature communiste de France a pris un aspect purement littéraire dans les cercles académiques allemands
а комунистическата литература на Франция придобива чисто литературен аспект в германските академични кръгове

Ainsi, les exigences de la première Révolution française n'étaient rien d'autre que les exigences de la « raison pratique »

По този начин исканията на Първата френска революция не бяха нищо повече от искания на "практическия разум"

et l'expression de la volonté de la bourgeoisie française révolutionnaire signifiait à leurs yeux la loi de la volonté pure

и изричането на волята на революционната френска буржоазия означаваше в техните очи закона на чистата воля

il signifiait la Volonté telle qu'elle devait être ; de la vraie Volonté humaine en général

то означаваше Волята такава, каквато трябваше да бъде; на истинската човешка воля като цяло

Le monde des lettrés allemands ne consistait qu'à mettre les nouvelles idées françaises en harmonie avec leur ancienne conscience philosophique

Светът на немските литератори се състоеше единствено в привеждането на новите френски идеи в хармония с тяхната древна философска съвест

ou plutôt, ils ont annexé les idées françaises sans déserter leur propre point de vue philosophique

или по-скоро те анексираха френските идеи, без да изоставят собствената си философска гледна точка

Cette annexion s'est faite de la même manière que l'on s'approprie une langue étrangère, c'est-à-dire par la traduction

Това анексиране е извършено по същия начин, по който се присвоява чужд език, а именно чрез превод

Il est bien connu comment les moines ont écrit des vies stupides de saints catholiques sur des manuscrits

Добре известно е как монасите са писали глупави жития на католически светци върху ръкописи

les manuscrits sur lesquels les œuvres classiques de l'ancien paganisme avaient été écrites

ръкописите, върху които са написани класическите
произведения на древното езичество

**Les lettrés allemands ont inversé ce processus avec la
littérature française profane**

Немските литератори обръщат този процес с профанната
френска литература

**Ils ont écrit leurs absurdités philosophiques sous l'original
français**

Те написаха своите философски глупости под френския
оригинал

**Par exemple, sous la critique française des fonctions
économiques de l'argent, ils ont écrit « L'aliénation de
l'humanité »**

Например, под френската критика на икономическите
функции на парите, те написаха "Отчуждение на
човечеството"

**au-dessous de la critique française de l'État bourgeois, ils
écrivaient « détrônement de la catégorie du général »**

под френската критика на буржоазната държава те
написаха "детрониране на категорията на генерала"

**L'introduction de ces phrases philosophiques à la fin des
critiques historiques françaises qu'ils ont baptisées :**

Въвеждането на тези философски фрази в гърба на
френската историческа критика те наричат:

**« Philosophie de l'action », « Vrai socialisme », « Science
allemande du socialisme », « Fondement philosophique du
socialisme », etc**

"Философия на действието", "Истински социализъм",
"Немска наука за социализма", "Философска основа на
социализма" и т.н

**La littérature socialiste et communiste française est ainsi
complètement émasculée**

По този начин френската социалистическа и
комунистическа литература е напълно осакатена

**entre les mains des philosophes allemands, elle cessa
d'exprimer la lutte d'une classe contre l'autre**

в ръцете на германските философи тя престана да
изразява борбата на една класа с другата
et c'est ainsi que les philosophes allemands se sentaient
conscients d'avoir surmonté « l'unilatéralité française »
и така немските философи се чувстваха съзнателни, че са
преодолели "френската едностранчивост"
Il n'avait pas à représenter de vraies exigences, mais plutôt
des exigences de vérité
тя не трябва да представя истинските изисквания, а по-
скоро представя изискванията за истина
il n'y avait pas d'intérêt pour le prolétariat, mais plutôt pour
la nature humaine
нямаше интерес към пролетариата, по-скоро имаше
интерес към човешката природа
l'intérêt était dans l'Homme en général, qui n'appartient à
aucune classe et n'a pas de réalité
интересът беше към човека изобщо, който не принадлежи
към никоя класа и няма реалност
un homme qui n'existe que dans le royaume brumeux de la
fantaisie philosophique
човек, който съществува само в мъгливото царство на
философската фантазия
mais finalement, ce socialisme allemand d'écolier perdit
aussi son innocence pédante
но в крайна сметка този ученически немски социализъм
също загуби своята педантична невинност
la bourgeoisie allemande, et surtout la bourgeoisie
prussienne, luttait contre l'aristocratie féodale
германската буржоазия и особено пруската буржоазия се
борят срещу феодалната аристокрация
la monarchie absolue de l'Allemagne et de la Prusse était
également combattue
абсолютната монархия на Германия и Прусия също е била
изправена срещу
Et à son tour, la littérature du mouvement libéral est
également devenue plus sérieuse

и на свой ред литературата на либералното движение също става по-сериозна

L'Allemagne a eu l'occasion longtemps souhaitée par le « vrai » socialisme de se voir offrir

Отдавна желаната от Германия възможност за "истински" социализъм беше предложена

l'occasion de confronter le mouvement politique aux revendications socialistes

възможността да се противопостави на политическото движение със социалистическите искания

l'occasion de jeter les anathèmes traditionnels contre le libéralisme

възможността да се хвърлят традиционните анатеми срещу либерализма

l'occasion d'attaquer le gouvernement représentatif et la concurrence bourgeoise

възможността да се атакува представителното правителство и буржоазната конкуренция

Liberté de la presse bourgeoise, législation bourgeoise, liberté et égalité bourgeoise

Буржоазия свобода на печата, буржоазно законодателство, буржоазия свобода и равенство

Tout cela pourrait maintenant être critiqué dans le monde réel, plutôt que dans la fantaisie

Всичко това вече може да бъде критикувано в реалния свят, а не във фантазията

L'aristocratie féodale et la monarchie absolue prêchaient depuis longtemps aux masses

феодалната аристокрация и абсолютната монархия отдавна проповядват на масите

« L'ouvrier n'a rien à perdre, et il a tout à gagner »

"Работещият човек няма какво да губи и има всичко да спечели"

le mouvement bourgeois offrait aussi une chance de se confronter à ces platitudes

буржоазното движение също предлага шанс да се изправи
срещу тези баналности
**la critique française présupposait l'existence d'une société
bourgeoise moderne**
френската критика предполага съществуването на
съвременното буржоазно общество
**Conditions économiques d'existence de la bourgeoisie et
constitution politique de la bourgeoisie**
Икономически условия на съществуване на буржоазията и
политическа конституция на буржоазията
**les choses mêmes dont la réalisation était l'objet de la lutte
imminente en Allemagne**
същите неща, чието постижение беше обект на
предстоящата борба в Германия
**L'écho stupide du socialisme en Allemagne a abandonné ces
objectifs juste à temps**
Глупавото ехо на социализма в Германия изостави тези
цели точно навреме
**Les gouvernements absolus avaient leur suite de pasteurs,
de professeurs, d'écuyers de campagne et de fonctionnaires**
Абсолютните правителства имаха своите последователи от
свещеници, професори, провинциални оръженосци и
служители
**le gouvernement de l'époque a répondu aux soulèvements
de la classe ouvrière allemande par des coups de fouet et des
balles**
тогавашното правителство посрещна въстанията на
германската работническа класа с бичуване и куршуми
**pour eux, ce socialisme était un épouvantail bienvenu contre
la bourgeoisie menaçante**
за тях този социализъм служи като желано плашило
срещу заплашителната буржоазия
**et le gouvernement allemand a pu offrir un dessert sucré
après les pilules amères qu'il a distribuées**
и германското правителство успя да предложи сладък
десерт след горчивите хапчета, които раздаде

ce « vrai » socialisme servait donc aux gouvernements
d'arme pour combattre la bourgeoisie allemande

този "истински" социализъм служи на правителствата
като оръжие за борба с германската буржоазия

et, en même temps, il représentait directement un intérêt
réactionnaire ; celle des Philistins allemands

и в същото време тя пряко представляваше реакционен
интерес; това на германските филистимци

En Allemagne, la petite bourgeoisie est la véritable base
sociale de l'état de choses actuel

В Германия дребната буржоазия е действителната
социална основа на съществуващото състояние на нещата

une relique du XVIe siècle qui n'a cessé de surgir sous
diverses formes

реликва от шестнадесети век, която непрекъснато се
появява под различни форми

Conserver cette classe, c'est préserver l'état de choses
existant en Allemagne

Да се запази тази класа означава да се запази
съществуващото състояние на нещата в Германия

La suprématie industrielle et politique de la bourgeoisie
menace la petite bourgeoisie d'une destruction certaine

Индустриалното и политическо превъзходство на
буржоазията заплашва дребната буржоазия с неизбежно
унищожение

d'une part, elle menace de détruire la petite bourgeoisie par
la concentration du capital

от една страна, тя заплашва да унищожи дребната
буржоазия чрез концентрацията на капитала

d'autre part, la bourgeoisie menace de la détruire par
l'avènement d'un prolétariat révolutionnaire

от друга страна, буржоазията заплашва да я унищожи
чрез възхода на революционния пролетариат

Le « vrai » socialisme semblait faire d'une pierre deux coups.
Il s'est répandu comme une épidémie

"Истинският" социализъм изглежда убива тези два заека с един куршум. Разпространи се като епидемия

La robe de toiles d'araignées spéculatives, brodée de fleurs de rhétorique, trempée dans la rosée du sentiment maladif

Робата от спекулативни паяжини, бродирани с цветя на реториката, потопени в росата на болезнените чувства

cette robe transcendantale dans laquelle les socialistes allemands enveloppaient leurs tristes « vérités éternelles »

тази трансцендентална мантия, в която германските социалисти обвиваха своите жалки "вечни истини"

tout de peau et d'os, servaient à augmenter merveilleusement la vente de leurs marchandises auprès d'un public aussi

цялата кожа и кости, послужили чудесно за увеличаване на продажбите на техните стоки сред такава публика

Et de son côté, le socialisme allemand reconnaissait de plus en plus sa propre vocation

И от своя страна германският социализъм все повече и повече признаваше собственото си призвание

on l'appelait à être le représentant grandiloquent de la petite-bourgeoisie philistine

той беше наречен да бъде бомбастичен представител на дребнобуржоазната филистимска

Il proclamait que la nation allemande était la nation modèle, et le petit philistin allemand l'homme modèle

Той провъзгласява германската нация за образцова нация, а германският дребен филистимец за образцов човек

À chaque méchanceté de cet homme modèle, elle donnait une interprétation socialiste cachée, plus élevée

На всяка подла подлост на този образцов човек тя дава скрита, по-висша, социалистическа интерпретация

cette interprétation socialiste supérieure était l'exact contraire de son caractère réel

това по-висше, социалистическо тълкуване беше точно обратното на нейния действителен характер

Il est allé jusqu'à s'opposer directement à la tendance «
brutalement destructrice » du communisme
Той стигна до крайност, за да се противопостави на
"брутално разрушителната" тенденция на комунизма
et il proclamait son mépris suprême et impartial de toutes
les luttes de classes
и провъзгласи своето върховно и безпристрастно
презрение към всички класови борби
À de très rares exceptions près, toutes les publications dites
socialistes et communistes qui circulent aujourd'hui (1847)
en Allemagne appartiennent au domaine de cette littérature
nauséabonde et énervante
С много малки изключения, всички така наречени
социалистически и комунистически издания, които сега
(1847 г.) циркулират в Германия, принадлежат към
областта на тази мръсна и изтощителна литература

2) Le socialisme conservateur ou le socialisme bourgeois
2) Консервативен социализъм или буржоазен социализъм

Une partie de la bourgeoisie est désireuse de redresser les griefs sociaux

Част от буржоазията желае да поправи социалните оплаквания

afin d'assurer la pérennité de la société bourgeoise

за да се осигури продължаването на съществуването на буржоазното общество

C'est à cette section qu'appartiennent les économistes, les philanthropes, les humanitaires

Към този раздел принадлежат икономисти, филантропи, хуманитаристи

améliorateurs de la condition de la classe ouvrière et organisateurs de la charité

подобряват положението на работническата класа и организаторите на благотворителността

membres des sociétés de prévention de la cruauté envers les animaux

членове на дружества за превенция на жестокостта към животните

fanatiques de la tempérance, réformateurs de toutes sortes imaginables

фанатици на въздържанието, реформатори от всякакъв възможен вид

Cette forme de socialisme a, d'ailleurs, été élaborée en systèmes complets

Освен това тази форма на социализъм е разработена в цялостни системи

On peut citer la « Philosophie de la Misère » de Proudhon comme exemple de cette forme

Можем да цитираме "Philosophie de la Misère" на Прудон като пример за тази форма

La bourgeoisie socialiste veut tous les avantages des conditions sociales modernes

Социалистическата буржоазия иска всички предимства на съвременните социални условия

mais la bourgeoisie socialiste ne veut pas nécessairement des luttes et des dangers qui en résultent

но социалистическата буржоазия не иска непременно произтичащите от това борби и опасности

Ils désirent l'état actuel de la société, sans ses éléments révolutionnaires et désintégrateurs

Те желаят съществуващото състояние на обществото, без неговите революционни и разпадащи се елементи

c'est-à-dire qu'ils veulent une bourgeoisie sans prolétariat

с други думи, те желаят буржоазия без пролетариат

La bourgeoisie conçoit naturellement le monde dans lequel elle est souveraine d'être la meilleure

Буржоазията естествено си представя света, в който е най-висшето да бъде най-доброто

et le socialisme bourgeois développe cette conception confortable en divers systèmes plus ou moins complets

и буржоазният социализъм развива тази удобна концепция в различни повече или по-малко завършени системи

ils voudraient beaucoup que le prolétariat marche droit dans la Nouvelle Jérusalem sociale

те много биха искали пролетариатът веднага да влезе в социалния Нов Йерусалим

Mais en réalité, elle exige du prolétariat qu'il reste dans les limites de la société existante

но в действителност тя изисква пролетариатът да остане в рамките на съществуващото общество

ils demandent au prolétariat de se débarrasser de toutes ses idées haineuses sur la bourgeoisie

те искат от пролетариата да отхвърли всички свои мисли за буржоазията

il y a une seconde forme plus pratique, mais moins systématique, de ce socialisme

има и втора, по-практична, но по-малко систематична форма на този социализъм

Cette forme de socialisme cherchait à déprécier tout mouvement révolutionnaire aux yeux de la classe ouvrière

Тази форма на социализъм се стреми да обезцени всяко революционно движение в очите на работническата класа

Ils soutiennent qu'aucune simple réforme politique ne pourrait leur être d'un quelconque avantage

те твърдят, че никоя политическа реформа не може да им бъде от полза

Seul un changement dans les conditions matérielles d'existence dans les relations économiques est bénéfique

Само промяната в материалните условия на съществуване в икономическите отношения е от полза

Comme le communisme, cette forme de socialisme prône un changement des conditions matérielles d'existence

Подобно на комунизма, тази форма на социализъм се застъпва за промяна на материалните условия на съществуване

Cependant, cette forme de socialisme ne suggère nullement l'abolition des rapports de production bourgeois

но тази форма на социализъм съвсем не предполага премахване на буржоазните производствени отношения

l'abolition des rapports de production bourgeois ne peut se faire que par la révolution

премахването на буржоазните производствени отношения може да се постигне само чрез революция

Mais au lieu d'une révolution, cette forme de socialisme suggère des réformes administratives

Но вместо революция, тази форма на социализъм предполага административни реформи

et ces réformes administratives seraient fondées sur la pérennité de ces relations

и тези административни реформи ще се основават на продължаващото съществуване на тези отношения réformes qui n'affectent en rien les rapports entre le capital et le travail

реформи, които по никакъв начин не засягат отношенията между капитала и труда

au mieux, de telles réformes réduisent le coût et simplifient le travail administratif du gouvernement bourgeois

в най-добрия случай такива реформи намаляват разходите и опростяват административната работа на буржоазното правителство

Le socialisme bourgeois atteint une expression adéquate lorsque, et seulement lorsque, il devient une simple figure de style

Буржоазният социализъм постига адекватен израз, когато и само когато се превърне в обикновена фигура на речта

Le libre-échange : au profit de la classe ouvrière

Свободна търговия: в полза на работническата класа

Les devoirs protecteurs : au profit de la classe ouvrière

Защитни задължения: в полза на работническата класа

Réforme pénitentiaire : au profit de la classe ouvrière

Затворническа реформа: в полза на работническата класа

C'est le dernier mot et le seul mot sérieux du socialisme bourgeois

Това е последната дума и единствената сериозно замислена дума на буржоазния социализъм

Elle se résume dans la phrase : la bourgeoisie est une bourgeoisie au profit de la classe ouvrière

Тя е обобщена във фразата: буржоазията е буржоазия в полза на работническата класа

3) Socialisme et communisme utopiques critiques
3) Критично-утопичен социализъм и комунизъм

Nous ne nous référons pas ici à la littérature qui a toujours donné la parole aux revendications du prolétariat
Тук не се позоваваме на онази литература, която винаги е давала глас на исканията на пролетариата
cela a été présent dans toutes les grandes révolutions modernes, comme les écrits de Babeuf et d'autres
това присъства във всяка велика модерна революция, като писанията на Бабьоф и други
Les premières tentatives directes du prolétariat pour parvenir à ses propres fins échouèrent nécessairement
Първите преки опити на пролетариата да постигне собствените си цели неизбежно се провалиха
Ces tentatives ont été faites dans des temps d'effervescence universelle, lorsque la société féodale était renversée
Тези опити бяха направени във времена на всеобщо вълнение, когато феодалното общество беше свалено
L'état alors peu développé du prolétariat a conduit à l'échec de ces tentatives
Тогава неразвитото състояние на пролетариата доведе до провал на тези опити
et ils ont échoué en raison de l'absence des conditions économiques pour son émancipation
и те се провалиха поради липсата на икономически условия за нейното освобождение
conditions qui n'avaient pas encore été produites, et qui ne pouvaient être produites que par l'époque de la bourgeoisie
условия, които тепърва предстоеше да бъдат създадени и можеха да бъдат произведени само от настъпващата епоха на буржоазията
La littérature révolutionnaire qui accompagnait ces premiers mouvements du prolétariat avait nécessairement un caractère réactionnaire

Революционната литература, която съпровождаше тези първи движения на пролетариата, имаше по необходимост реакционен характер

Cette littérature inculquait l'ascétisme universel et le nivellement social dans sa forme la plus grossière

Тази литература внушава универсален аскетизъм и социално изравняване в най-грубата му форма

Les systèmes socialistes et communistes, proprement dits, naissent au début de la période sous-développée

Социалистическата и комунистическата системи, в собствения си текст, възникват в ранния неразвит период

Saint-Simon, Fourier, Owen et d'autres, ont décrit la lutte entre le prolétariat et la bourgeoisie (voir section 1)

Сен-Симон, Фурие, Оуен и други описват борбата между пролетариата и буржоазията (виж раздел 1)

Les fondateurs de ces systèmes voient, en effet, les antagonismes de classe

Основателите на тези системи наистина виждат класовите антагонизми

Ils voient aussi l'action des éléments en décomposition, dans la forme dominante de la société

те също така виждат действието на разлагащите се елементи в преобладаващата форма на обществото

Mais le prolétariat, encore à ses débuts, leur offre le spectacle d'une classe sans aucune initiative historique

Но пролетариатът, все още в зародиш, им предлага спектакъла на класа без никаква историческа инициатива

Ils voient le spectacle d'une classe sociale sans aucun mouvement politique indépendant

те виждат спектакъла на социална класа без независимо политическо движение

Le développement de l'antagonisme de classe va de pair avec le développement de l'industrie

Развитието на класовия антагонизъм върви в крак с развитието на индустрията

La situation économique ne leur offre donc pas encore les conditions matérielles de l'émancipation du prolétariat

така че икономическото положение все още не им предлага материални условия за освобождение на пролетариата

Ils cherchent donc une nouvelle science sociale, de nouvelles lois sociales, qui doivent créer ces conditions

Затова те търсят нова обществена наука, нови социални закони, които да създадат тези условия

l'action historique, c'est céder à leur action inventive personnelle

историческото действие е да се поддадат на личното си изобретателско действие

Les conditions d'émancipation créées historiquement doivent céder la place à des conditions fantastiques

Исторически създадените условия за еманципация трябва да отстъпят пред фантастични условия

et l'organisation de classe graduelle et spontanée du prolétariat doit céder la place à l'organisation de la société

а постепенната, спонтанна класова организация на пролетариата трябва да отстъпи пред организацията на обществото

l'organisation de la société spécialement conçue par ces inventeurs

организацията на обществото, специално измислена от тези изобретатели

L'histoire future se résout, à leurs yeux, dans la propagande et l'exécution pratique de leurs projets sociaux

Бъдещата история се превръща в техните очи в пропагандата и практическото осъществяване на техните социални планове

Dans l'élaboration de leurs plans, ils ont conscience de s'occuper avant tout des intérêts de la classe ouvrière

При формирането на своите планове те съзнават, че се грижат главно за интересите на работническата класа

Ce n'est que du point de vue d'être la classe la plus souffrante que le prolétariat existe pour eux

Само от гледна точка на най-страдащата класа пролетариатът съществува за тях

L'état sous-développé de la lutte des classes et leur propre environnement informent leurs opinions

Неразвитото състояние на класовата борба и собственото им обкръжение формират техните мнения

Les socialistes de ce genre se considèrent comme bien supérieurs à tous les antagonismes de classe

Социалистите от този вид се смятат за много по-висши от всички класови антагонизми

Ils veulent améliorer la condition de tous les membres de la société, même celle des plus favorisés

Те искат да подобрят положението на всеки член на обществото, дори и на най-облагодетелстваните

Par conséquent, ils s'adressent habituellement à la société dans son ensemble, sans distinction de classe

Следователно те обикновено се обръщат към обществото като цяло, без разлика на класата

Bien plus, ils font appel à la société dans son ensemble de préférence à la classe dirigeante

нещо повече, те се обръщат към обществото като цяло, като предпочитат управляващата класа

Pour eux, tout ce qu'il faut, c'est que les autres comprennent leur système

за тях всичко, което се изисква, е другите да разберат тяхната система

Car comment les gens peuvent-ils ne pas voir que le meilleur plan possible est le meilleur état possible de la société ?

Защото как може хората да не виждат, че най-добрият възможен план е за възможно най-доброто състояние на обществото?

C'est pourquoi ils rejettent toute action politique, et surtout toute action révolutionnaire

Следователно те отхвърлят всички политически и особено всички революционни действия

ils veulent arriver à leurs fins par des moyens pacifiques

Те искат да постигнат целите си по мирен път

ils s'efforcent, par de petites expériences, qui sont nécessairement vouées à l'échec

те се опитват чрез малки експерименти, които по необходимост са обречени на провал

et par la force de l'exemple, ils essaient d'ouvrir la voie au nouvel Évangile social

и със силата на примера те се опитват да проправят пътя за новото социално Евангелие

De tels tableaux fantastiques de la société future, peints à une époque où le prolétariat est encore dans un état très sous-développé

Такива фантастични картини на бъдещото общество, нарисувани във време, когато пролетариатът е все още в много неразвито състояние

et il n'a encore qu'une conception fantasmatique de sa propre position

и все още има само фантастична представа за собственото си положение

Mais leurs premières aspirations instinctives correspondent aux aspirations du prolétariat

но техните първи инстинктивни копнежи съответстват на копнежите на пролетариата

L'un et l'autre aspirent à une reconstruction générale de la société

и двамата копнеят за цялостно преустройство на обществото

Mais ces publications socialistes et communistes contiennent aussi un élément critique

Но тези социалистически и комунистически публикации съдържат и критичен елемент

Ils s'attaquent à tous les principes de la société existante

Те атакуват всеки принцип на съществуващото общество

C'est pourquoi ils sont remplis des matériaux les plus précieux pour l'illumination de la classe ouvrière

Затова те са пълни с най-ценни материали за просвещението на работническата класа

Ils proposent l'abolition de la distinction entre la ville et la campagne, et la famille

те предлагат премахване на разграничението между град и село и семейство

la suppression de l'exercice de l'industrie pour le compte des particuliers

премахване на извършването на промишленост за сметка на частни лица

et l'abolition du salariat et la proclamation de l'harmonie sociale

и премахването на системата на заплатите и провъзгласяването на социална хармония

la transformation des fonctions de l'État en une simple surveillance de la production

превръщането на функциите на държавата в обикновен надзор на производството

Toutes ces propositions ne pointent que vers la disparition des antagonismes de classe

Всички тези предложения сочат единствено към изчезването на класовите противоречия

Les antagonismes de classe ne faisaient alors que surgir

По това време класовите антагонизми едва се появяват

Dans ces publications, ces antagonismes de classe ne sont reconnus que dans leurs formes les plus anciennes, indistinctes et indéfinies

В тези публикации тези класови противоречия се разпознават само в най-ранните, неясни и неопределени форми

Ces propositions ont donc un caractère purement utopique

Следователно тези предложения са от чисто утопичен характер

La signification du socialisme et du communisme critiques-utopiques est en relation inverse avec le développement historique

Значението на критическо-утопичния социализъм и комунизма има обратна връзка с историческото развитие

La lutte de classe moderne se développera et continuera à prendre une forme définitive

Съвременната класова борба ще се развива и ще продължи да придобива определена форма

Cette réputation fantastique du concours perdra toute valeur pratique

Това фантастично положение от състезанието ще загуби всякаква практическа стойност

Ces attaques fantastiques contre les antagonismes de classe perdront toute justification théorique

Тези фантастични атаки срещу класовите противоречия ще загубят всякаква теоретична обосновка

Les initiateurs de ces systèmes étaient, à bien des égards, révolutionnaires

Създателите на тези системи бяха в много отношения революционни

Mais leurs disciples n'ont, dans tous les cas, formé que des sectes réactionnaires

но техните ученици във всеки случай са формирали обикновени реакционни секти

Ils s'en tiennent fermement aux vues originales de leurs maîtres

Те се придържат здраво към оригиналните възгледи на своите господари

Mais ces vues s'opposent au développement historique progressif du prolétariat

но тези възгледи са в противоречие с прогресивното историческо развитие на пролетариата

Ils s'efforcent donc, et cela constamment, d'étouffer la lutte des classes

Затова те се стремят и то последователно да умъртвят класовата борба

et ils s'efforcent constamment de concilier les antagonismes de classe

и те последователно се стремят да примирят класовите противоречия

Ils rêvent encore de la réalisation expérimentale de leurs utopies sociales

Те все още мечтаят за експериментална реализация на своите социални утопии

ils rêvent encore de fonder des « phalanstères » isolés et d'établir des « colonies d'origine »

те все още мечтаят да основават изолирани "фаланстери" и да създадат "домашни колонии"

ils rêvent de mettre en place une « Petite Icarie » – éditions duodecimo de la Nouvelle Jérusalem

те мечтаят да създадат "Малката Икария" – дуодецимо издания на Новия Йерусалим

Et ils rêvent de réaliser tous ces châteaux dans les airs

и мечтаят да реализират всички тези въздушни замъци

Ils sont obligés de faire appel aux sentiments et aux bourses des bourgeois

те са принудени да се обръщат към чувствата и кесиите на буржоазията

Peu à peu, ils s'enfoncent dans la catégorie des socialistes conservateurs réactionnaires décrits ci-dessus

Постепенно те потъват в категорията на реакционните консервативни социалисти, описани по-горе

ils ne diffèrent de ceux-ci que par une pédanterie plus systématique

те се различават от тях само по по-систематична педантичност

et ils diffèrent par leur croyance fanatique et superstitieuse aux effets miraculeux de leur science sociale

и те се различават по своята фанатична и суеверна вяра в чудотворните ефекти на тяхната социална наука

Ils s'opposent donc violemment à toute action politique de la part de la classe ouvrière

Затова те яростно се противопоставят на всякакви политически действия от страна на работническата класа

une telle action, selon eux, ne peut résulter que d'une incrédulité aveugle dans le nouvel Évangile

такива действия, според тях, могат да бъдат резултат само от сляпо неверие в новото Евангелие

Les owénistes en Angleterre et les fouriéristes en France s'opposent respectivement aux chartistes et aux réformistes

Оуенитите в Англия и фуриеристите във Франция, съответно, се противопоставят на чартистите и "реформистите"

Position des communistes par rapport aux divers partis d'opposition existants

Позиция на комунистите по отношение на различните съществуващи опозиционни партии

La section II a mis en évidence les relations des communistes avec les partis ouvriers existants

Раздел II изясни отношенията на комунистите със съществуващите партии на работническата класа

comme les chartistes en Angleterre et les réformateurs agraires en Amérique

като чартистите в Англия и аграрните реформатори в Америка

Les communistes luttent pour la réalisation des objectifs immédiats

Комунистите се борят за постигане на непосредствените цели

Ils luttent pour l'application des intérêts momentanés de la classe ouvrière

те се борят за налагане на моментните интереси на работническата класа

Mais dans le mouvement politique d'aujourd'hui, ils représentent et s'occupent aussi de l'avenir de ce mouvement

но в политическото движение на настоящето те също представляват и се грижат за бъдещето на това движение

En France, les communistes s'allient avec les social-démocrates

Във Франция комунистите се съюзяват със социалдемократите

et ils se positionnent contre la bourgeoisie conservatrice et radicale

и те се противопоставят на консервативната и радикална буржоазия

cependant, ils se réservent le droit d'adopter une position critique à l'égard des phrases et des illusions traditionnellement héritées de la grande Révolution

те обаче си запазват правото да заемат критична позиция по отношение на фразите и илюзиите, традиционно предавани от Великата революция

En Suisse, ils soutiennent les radicaux, sans perdre de vue que ce parti est composé d'éléments antagonistes

В Швейцария те подкрепят радикалите, без да изпускат от поглед факта, че тази партия се състои от антагонистични елементи

en partie des socialistes démocrates, au sens français du terme, en partie de la bourgeoisie radicale

отчасти на демократичните социалисти, във френския смисъл, отчасти на радикалната буржоазия

En Pologne, ils soutiennent le parti qui insiste sur la révolution agraire comme condition première de l'émancipation nationale

В Полша подкрепят партията, която настоява за аграрна революция като основно условие за национална еманципация

ce parti qui fomenta l'insurrection de Cracovie en 1846

партията, която подклажда въстанието в Краков през 1846 г.

En Allemagne, ils luttent avec la bourgeoisie chaque fois qu'elle agit de manière révolutionnaire

В Германия се борят с буржоазията, когато тя действа по революционен начин

contre la monarchie absolue, l'escroc féodal et la petite bourgeoisie

срещу абсолютната монархия, феодалното мързилекарство и дребната буржоазия

Mais ils ne cessent jamais, un seul instant, inculquer à la classe ouvrière une idée particulière

Но те не спират нито за миг да внушат на работническата класа една особена идея

la reconnaissance la plus claire possible de l'antagonisme
hostile entre la bourgeoisie et le prolétariat

възможно най-ясно признаване на враждебния
антагонизъм между буржоазията и пролетариата

afin que les ouvriers allemands puissent immédiatement
utiliser les armes dont ils disposent

за да могат германските работници веднага да използват
оръжията, с които разполагат.

les conditions sociales et politiques que la bourgeoisie doit
nécessairement introduire en même temps que sa
suprématie

социалните и политическите условия, които буржоазията
трябва да въведе заедно със своето върховенство

la chute des classes réactionnaires en Allemagne est
inévitable

падението на реакционните класи в Германия е неизбежно

et alors la lutte contre la bourgeoisie elle-même peut
commencer immédiatement

и тогава веднага може да започне борбата срещу самата
буржоазия

Les communistes tournent leur attention principalement
vers l'Allemagne, parce que ce pays est à la veille d'une
révolution bourgeoise

Комунистите насочват вниманието си главно към
Германия, защото тази страна е в навечерието на
буржоазната революция

une révolution qui ne manquera pas de s'accomplir dans des
conditions plus avancées de la civilisation européenne

революция, която непременно ще бъде извършена в по-
напредналите условия на европейската цивилизация

Et elle ne manquera pas de se faire avec un prolétariat
beaucoup plus développé

и това ще бъде извършено с много по-развит пролетариат

un prolétariat plus avancé que celui de l'Angleterre au XVIIe
siècle, et celui de la France au XVIIIe siècle

пролетариат, по-напреднал от този на Англия през XVII и на Франция през XVIII в.

et parce que la révolution bourgeoise en Allemagne ne sera que le prélude d'une révolution prolétarienne qui suivra immédiatement

и защото буржоазната революция в Германия ще бъде само прелюдия към непосредствено следващата пролетарска революция

Bref, partout les communistes soutiennent tout mouvement révolutionnaire contre l'ordre social et politique existant

Накратко, комунистите навсякъде подкрепят всяко революционно движение срещу съществуващия обществен и политически ред на нещата

Dans tous ces mouvements, ils mettent au premier plan, comme la question maîtresse de chacun d'eux, la question de la propriété

Във всички тези движения те извеждат на преден план като водещ въпрос във всяко от тях въпросът за собствеността

quel que soit son degré de développement dans ce pays à ce moment-là

без значение каква е степента му на развитие в тази страна по това време

Enfin, ils œuvrent partout pour l'union et l'accord des partis démocratiques de tous les pays

И накрая, те работят навсякъде за съюза и съгласието на демократичните партии на всички страни

Les communistes dédaignent de dissimuler leurs vues et leurs objectifs

Комунистите пренебрегват да прикриват своите възгледи и цели

Ils déclarent ouvertement que leurs fins ne peuvent être atteintes que par le renversement par la force de toutes les conditions sociales existantes

Те открито заявяват, че техните цели могат да бъдат постигнати само чрез насилствено отхвърляне на всички съществуващи обществени условия

Que les classes dirigeantes tremblent devant une révolution communiste

Нека управляващите класи треперят от комунистическата революция

Les prolétaires n'ont rien d'autre à perdre que leurs chaînes

Пролетариите нямат какво да губят, освен веригите си

Ils ont un monde à gagner

Те имат свят за спечелване

TRAVAILLEURS DE TOUS LES PAYS, UNISSEZ-VOUS !

РАБОТНИЦИ ОТ ВСИЧКИ СТРАНИ, ОБЕДИНЯВАЙТЕ СЕ!

www.ingramcontent.com/pod-product-compliance
Lightning Source LLC
Chambersburg PA
CBHW011736020426
42333CB00024B/2915